Über dieses Buch Mit der Neuveröffentlichung von ›Operette‹ ist die erste Gesamtedition des dramatischen Werkes von Witold Gombrowicz in deutscher Sprache abgeschlossen. Wie der erste Band mit ›Yvonne, die Burgunderprinzessin‹ und Band II mit ›Die Trauung‹ und ›Geschichte‹ enthält auch dieser dritte Band der Gombrowicz-Taschenbuch-Ausgabe in der Reihe ›Theater Film Funk Fernsehen‹ eine Einleitung von François Bondy und Constantin Jelenski.
›Operette‹, Gombrowicz' letztes Stück, ist, mehr noch als seine anderen szenischen Texte, wie eine Theater-Partitur zu lesen. Dem Herausgeber kam es darauf an, den 1964 zum erstenmal übersetzten Text in der ganzen Entschiedenheit des Originals zu präsentieren. Constantin Jelenski, Gombrowicz' polnischer Freund und Übersetzer seiner Dramen ins Französische, hat die überarbeitete Textgestalt von ›Operette‹ ebenso überprüft wie die der parallel (s.o.) veröffentlichten ›Trauung‹, und zwar sowohl anhand des polnischen Textes als auch im Hinblick auf die französische Fassung, an der Gombrowicz in beiden Fällen mitgearbeitet hat und die er Jelenski gegenüber für in mancher Hinsicht authentischer erklärte als das polnische Original. Insbesondere entspricht der hier vorgelegte Text, der künftig auch für die Bühnen verbindlich ist, der von Gombrowicz für eine entsetzliche Botschaft konkreten Inhalts gewählten Operettenform.

Der Autor Witold Gombrowicz, auf dem polnischen Landsitz Maloszyce/Opatow geboren 1904, starb 1969 in Vence, Frankreich. Erste Veröffentlichung 1933: ›Erinnerungen aus der Zeit der Unreife‹ (Erzählung. Späterer Titel: ›Bakakaj‹). 1935 erscheint in der Zeitschrift ›Skamander‹ sein Stück ›Yvonne, die Burgunderprinzessin‹. 1937 wird der Roman ›Ferdydurke‹ veröffentlicht. 1939 landet Gombrowicz in Buenos Aires für einen Aufenthalt von wenigen Tagen und bleibt bis 1963. 1952: ›Trans-Atlantik‹, Roman. 1953: ›Die Trauung‹ (Slub), Schauspiel. 1957: ›Tagebuch‹; Uraufführung ›Yvonne, die Burgunderprinzessin‹ in Krakau. 1960: ›Verführung‹ (Pornografia), Roman. 1963 Einladung der Ford-Stiftung für ein Jahr in West-Berlin. 1964: ›Die Trauung‹ (Le Mariage) in Paris. 1966 erscheint sein Theaterstück ›Operette‹ (Operetka) in ›Kultura‹, Paris. ›Operette‹ wird 1970 in Mailand uraufgeführt, wenige Tage später folgt das Théâtre National Populaire in Paris. 1967: Internationaler Literaturpreis der Verleger. 1968: Gespräche mit Dominique de Roux und Tagebuch Paris-Berlin. 1977: Uraufführung des Fragment gebliebenen Schauspiels ›Geschichte‹ in München.

Witold Gombrowicz

Operette
(Operetka)

Deutsch von Walter Tiel
Überarbeitet von
Helmar Harald Fischer

Fischer
Taschenbuch
Verlag

Herausgeber und Bearbeiter der Übersetzung:
Helmar Harald Fischer

Fischer Taschenbuch Verlag
Januar 1983

Umschlaggestaltung: Rambow, Lienemeyer, van de Sand
Unter Verwendung eines Szenenfotos von Bohumil Herlischkas
Inszenierung ›Operette‹ an den Münchner Kammerspielen 1973
(Foto: Hildegard Steinmetz)

Fischer Taschenbuch Verlag GmbH, Frankfurt am Main

Gesamtherstellung: Hanseatische Druckanstalt GmbH, Hamburg
Printed in Germany
780-ISBN-3-596-27075-8

Inhalt

Operette

Indem ich gesenkten Kopfes in Paris umherging, ausgelöscht und still, dachte ich, nur das fehle noch, daß sie eines Nachts sich an die nackten Statuen heranschleichen und sie nach letzter Mode einkleiden und parfümieren . . . Diana in einer Toilette von Dior (. . .)

Gombrowicz, Tagebuch, 1963

Die Kirchenruine von ›Die Trauung‹ erinnert wenigstens daran, daß es einmal einen sakralen Ort gegeben hat. Das verleiht Henriks Traum von einer religiösen Trauung, auch wenn er zerschellt, eine Spur von Wahrscheinlichkeit, ebenso der Illusion einer wiedererstehenden Monarchie.

Die Kirche, vor welcher der erste Akt von ›Operette‹ stattfindet, ist nur Teil der Selbstbestätigung der Spitzen der Gesellschaft: Baron, Graf, Bankier, General, Marquise, Professor. Der »teure Herr Pfarrer« hat eine Predigt zu Ehren »unseres teuren Herrgotts« gehalten. Beide – Pfarrer und Gott – bestätigen da einander und sind dieser »crème de la crème« zu Diensten. Diese Gesellschaft blickt nicht zu Gott hinauf, sondern hinab. Er dient ihrer Seelentoilette wie die Diener als Stiefellecker – wieder einmal wird eine Redewendung wörtlich genommen! – dem Hochglanz der Fußbekleidung. Wenn ihm jemand vorgestellt wird, sagt der Pfarrer ebenso automatisch »Gesegnet« wie die feinen Herren »Enchanté«.

Hier hat die katholische Kirche nicht mehr Bedeu-

tung als der Olymp bei Offenbach: Staffage. Vor dem Pfarrer kniet die Wirtschafterin, die seine Sandalen abstaubt, wie die Diener vor den Herrschaften knien. Da alles Hierarchie ist, verachtet die Wirtschafterin »dieses Pack« während sie sich genauso erniedrigt.
Den Grafen Charme interessiert an der »Heiligen Messe« nur, wann sie zu Ende ist, wartet er doch auf Albertinchen. Zwar steht im Wettbewerb Baron Firulet um eine Eroberung hinter ihm zurück, doch gilt es, diesen Abstand zu halten.
Zwischen den beiden recht verbrauchten Lebemännern findet seit langem dieser Wettkampf statt, den sie mit Ausdrücken des Kartenspiels evozieren. »Charme: Pik Dame. Firulet: Vier Treff und Bube. Charme: Passe! Firulet: Passe!« Man darf vermuten, daß die Verführungen durch erlesene Mahlzeiten, Schmuck, Kleider, Parfum ebenfalls mehr symbolisch sind als daß sie vollzogen werden, daß auch hier häufiger gepaßt als ausgespielt wird.
Existiert in ›Die Trauung‹ das Verhältnis zur Frau nur durch einen anderen Mann, so sind hier die Frauen – eine Vielzahl! – nur Spielmarken im Verhältnis zwischen zwei Rivalen, die sich mit markierten Duellen und markierten Verführungen unterhalten. Nicht nur die Religion, auch die Erotik ist nurmehr Konvention, und ohne Rivalität wäre sie von unerträglicher Langeweile.

In der komplex orchestrierten Szene wechseln die Akzente unserer Aufmerksamkeit ständig. Da ist

das Verhältnis Herrschaften–Diener. Da sind die Gespräche unter Dienern, die kennerisch »von unten« Aspekte der neuen Mode – spitze Schuhkappen, gestreifte Socken – kommentieren. Da ist die mondäne Konversation der Herrschaften – hervorgehoben das Prinzenpaar Himalaj – über die Stühlchen und die Weste von Lord Blotton. Da ist der kotzende Professor.
Zwischen Mode und Dienerschaft besteht eine peinliche Beziehung. Da diese Leute ihre Herrschaft so schnell nachahmen, muß die Mode noch schneller wechseln. Plötzlich – wie geschah es? – ist nicht mehr die Mode, sondern die Dienerschaft selber das Thema. Alles hat ja Bezug auf sie, ist Bewußtsein von ihrer Gegenwart und die Sorge, nicht von den Dienern belauscht zu werden. Man will ihnen imponieren und sie zugleich ignorieren, als gebe es sie nur in der Funktion robothafter Befehlsempfänger. Hier ist Nestroys »Ebene Erde und erster Stock« beisammen. »Die Diener putzen unten, die Herrschaften sprechen oben.«
Die Diener sprechen für das Volk, vertreten es. Diese Ferne von den sozialen Klassen, den Wirklichkeiten der Revolution, paßt zur ›Operette‹. Die Schuhputzer sind, wiederum wörtlich genommen, die Klasse, die sich erhebt.

Endlich kommt Albertinchen mit ihren Eltern aus der Kirche. Die Ermahnungen der Eltern, wie sie sich benehmen solle, entsprechen genau jenen der Tante im ersten Auftritt Yvonnes. Das Mädchen wird getadelt »Was machst du denn nur mit den Beinen?« – wo doch »die Leute schauen«.

Albertinchen schläft ein. Ihre Neigung zu lethargischem Schlaf läßt an Yvonnes lymphatische Trägheit denken. Häßlich oder schön – beide sind passive, träge Natur, passen nicht in die »bessere Gesellschaft«.

Graf und Baron halten sich jeder einen Taschendieb. Die sind nicht nur Werkzeug, sondern werden Beweger in allen drei Akten. Im zweiten Akt beginnt das Chaos, in das der Maskenball mündet, damit, daß sie, von der Kette gelassen, den Schmuck der Damen stehlen. Im dritten Akt – davon später. Im ersten Akt ist es Charmes Taschendieb, der Albertinchen ein Medaillon entreißen soll, damit Charme als Retter und Kavalier erscheinen kann. Doch lange betastet der Taschendieb ihre Brüste, und Albertinchen wird in mehr als einem Sinn »geweckt«.

Durch das Antasten des »Säufers« verliert in ›Die Trauung‹ der König seine »unantastbare« Majestät. Albertinchen verliert durch die erotische Berührung alle Hemmungen der Konvention. Von nun an stammelt sie schlafend nur »Nackt! Nackt! Ich will nackt sein!« und verwirrt, ja, schockiert die beiden Lebemänner, die sie schmücken und kleiden wollen. Mit dem Angebot, mit dem Albertinchen kaum diese beiden meint, können sie nichts anfangen.

In diesem ersten Akt begegnen wir inmitten der Blödheit und Frivolität der Herrschaften einem echten Komplotteur und zwei Denkern.

Der Komplotteur ist der angebliche Graf Hufnagel, in Wirklichkeit der schon vorbestrafte Revolutionär, der einst der Kammerdiener Josef war, den Dienern als solcher bekannt. Von den Denkern ist der eine der »Professor«. In ihm hat Gombrowicz, Kenner und Bewunderer von Jean-Paul Sartres philosophischen Werken – in Paris schlich er nachts vor das Haus, in dem Sartre wohnte und starrte auf sein Fenster – den ideologischen Politisierer und Revolutionär als den »sich selbst als Bürger im Namen der proletarischen Revolution ausspuckenden« Bürger erkennbar karikiert. Zugleich weist sein »Kotz, kotz« auf ›La Nausée‹ – deutsch ›Der Ekel‹, wörtlich »Der Brechreiz«.

›Operette‹ verspottet gleichzeitig das mondäne Paris, dessen Abgesandter zum Prinzen Himalaj der Modekönig Fior ist (er selber ist jedoch mit Sympathie gesehen) – und das ideologische Paris. Fior macht sich Gedanken über die Beziehung zwischen Mode und Geschichte. »Die Mode kann nicht gegen die Zeit gehen. Mode ist die Zeit.« Und ein ganzer Chor wiederholt gedankenlos: »Mode ist Geschichte«. Auch Hufnagel, der wirklich an Geschichte denkt. Zur Sprache kommt internationale Politik wie in ›Yvonne‹, in ›Die Trauung‹, doch mehr wirklichkeitsbezogen. Fior: »Rußland... England... Überseepolitik... Delcassé... Der Zar... Der Balkan... Sozialismus... Der Kronprinz... Wohin?«

Für den Aktschluß bietet sich in Operettentradition ein Galopp an – im ersten Akt gesungen, im zweiten durchgeführt. Und so singen Fior und Hufnagel, aus jeweils anderer Perspektive, das

Lied vom Galopp, aus dem der Vorschlag eines Maskenballs entspringt. Dort soll am Schluß die noch unbekannte Mode der Zukunft enthüllt werden.

In diesem zweiten Akt wiederholen sich die Motive – auch das ist Operettentradition – wie Ritornelle: die Herausforderungen von Charme und Firulet bis zum markierten Duell, die im Schlaf sprechende Albertine. Nur der Name, nichts sonst an ihr, ist als ironischer Gruß an Marcel Proust zu verstehen, den Gombrowicz bewunderte, aber zunehmend ablehnte.
Die sich kreuzenden Dialoge des ersten Aktes sind für den Leser – immerhin gab es für Gombrowicz auch ihn – bewegter als der ganze Wirbel und Trubel des Maskenballes, der zum großen Galopp des den Professor reitenden Hufnagel führt. Danach bricht die Revolution aus – Hufnagel an der Spitze der Diener – während aus den Säcken die neue Mode steigt: Hitlergeneral, KZ-Aufseherin, Bolschewiken, Gasmasken, Bomben. Die Geschichte, die nun explodiert, reicht von 1910 bis 1945.

Der Text des letzten Aktes ist kurz. Dieser Akt spielt vor der Ruine des Schlosses. Die einstigen Herrschaften verbergen sich verkleidet – als Tisch, als Lampe, als Pferd. Ein Bettler singt ein Bettellied, doch die Erinnerung an die frühere Zeit übermannt ihn; er sagt auf einmal nostalgisch »Die Stühlchen von Lord Blotton« – und flieht.

Hufnagel, der immer noch den Professor reitet – dem sagt die Revolution um so mehr zu, als sie dem Bürger in ihm nicht zusagt – will die »faschistisch-historischen Hunde« im Galopp vor dem Volksgericht aburteilen. Hufnagel – das machte Gombrowicz in einem Brief an Alf Sjöberg geltend, der ›Operette‹ wegen politischer Bedenken nicht inszenieren wollte – redet nicht grotesk, sondern als Revolutionär plausibel über die lange Unterdrükkung des Proletariats: »Ein gigantisches Verbrechen, leise und geräuschlos, ein ungeheurer stummer Mord; man hat uns erdrückt und erwürgt, hunderte von Jahrhunderten lang...«
Doch wenngleich der »Wind der Geschichte« zum Sturm wurde, nicht Hufnagel, der Sieger, ist der Beweger. Wiederum sind es Fior und die Taschendiebe.
Fior ruft aus: »Hier quält eine Maske die andere. Werft die Masken ab! Findet euer wahres Gesicht wieder!« Das ist die Stimme Witolds in ›Geschichte‹, sein Rat an die Mächtigen, der ungehört bleibt, aber hier – Operette oblige! – zum guten Ende führt.
Doch zunächst – zwei Totengräber haben einen Sarg herbeigetragen – eine Leichenfeier für Albertinchen. So endet ›Yvonne‹ und – es hängt vom Regisseur ab – so endet ›Die Trauung‹. Fior verflucht die Mode und alle – Ancien-Régime-Herrschaften wie Revolutionäre – schwören ab, verzichten auf ihre Ideologien, preisen die göttliche Schönheit der jungen Toten. Doch aus dem Sarg tönt auf einmal »Nackt... nackt...«. Die Toten-

gräber waren die verkleideten Taschendiebe, die Albertinchen gerettet hatten. Sie sind also zweimal ihre »Erwecker«. Und nachdem allesamt ihre Güter und Illusionen – der Pfarrer sogar seinen Gott – in diesen Sarg gelegt haben, zelebrieren sie nunmehr jubelnd das Wunder der Jugend und Schönheit.

Von einem Ausspruch Henriks in ›Die Trauung‹ sagen einige Höflinge: »Das ist sehr tief«, andere »Das ist idiotisch«. Für Gombrowicz gilt beides oft zugleich, vielleicht auch hier. Viele Seiten im ›Tagebuch‹ erlauben, ihn selber mit diesem »trionfo della vita« in Einklang zu sehn, doch die schlichte Naivität dieser Schlußgesänge sind nicht sein Stil. Sie mag auch bedeuten, daß er der Operette gibt, was der Operette gebührt, und daß nach dem Zerbrechen der alten und neuen Form diese ruinierte, zerschlissene Form der Operette über die Geschichte siegt. Karl Kraus hat als Bearbeiter von Offenbach die Operette in diesem Sinn gepriesen.

Doch sollte nicht überhört werden, daß Fior, mit dem sich der Autor am ehesten identifizieren läßt, nicht mitjubelt, sondern perplex murmelt: »Doch ich verstehe nicht und ich begreife nicht.« Dabei war es doch Fior, der in seinem Monolog des ersten Aktes im Sinne Gombrowicz am meisten begriffen hatte.

So ist der Schluß nicht nur, wie es manche Inszenierungen verstanden, Triumph, Jubel und Harmonie. In seiner eigenen Zusammenfassung verweist Gombrowicz nicht auf diesen Ausdruck der Verwirrung, der stimmlich übertönt, doch nicht beantwortet wird und der bedeuten mag: Auch die Nacktheit, die letzte Demaskierung, das Ende der Mode und der Geschichte, kann wiederum zur Maske werden. Aus der Welt der Masken können wir sowenig fallen wie aus der Welt der Form.

Die Stellen des Pariser Tagebuchs, die sehr direkt auf ›Operette‹ weisen, sind bekannt. Ein entsprechender Satz wurde dieser Einleitung vorangestellt. Zitieren wir noch: »(es ist sehr wichtig), daß wir innerlich niemals mit dem Zeitabschnitt brechen, in welchem Schönheit zugänglich wird – mit der Jugend ... Ein ständig mit Jugend Verbundener wird niemals Kleidung liebgewinnen. Auf diesen Unwillen gegen Kleidung kommt es mir an (...)«
Eine Notiz im Berliner Tagebuch führt auf einem Umweg zum »Professor«. Gombrowicz stellt fest, daß man mit ihm sehr »sorgfältig« umgeht. »Als Pole lastete ich auf ihrem Gewissen. Sie fühlten sich schuldig.« »Und da« – schreibt er, und man muß sein ganzes Werk bedenken, um diese provozierende Bemerkung richtig zu verstehen – »mußte ich jene Verbrechen auf mich nehmen ... ich wurde zu einem Hitler ... Das Böse kann man überwinden, aber nur in sich selber. Ein ewiges Auskotzen des Verbrechens macht es nur beständiger ... Man muß es hinunterschlucken.«
Der Professor, der nicht aufhört, sich selber, den Bourgeois, auszukotzen im Namen einer Ideologie, die noch in ihren entsetzlichsten Vertretern »über ihm« steht, ist auch von hier aus zu sehen. Es

gibt kein Annullieren des Ich, des Gewesenen. Sich-Auskotzen ist keine Selbstbefreiung.

In der Zeitschrift ›Bref‹ des Théâtre National Populaire von Dezember 1969, also kurz vor der französischen Erstaufführung (die italienische Aufführung ging ihr voraus) wurden einige Seiten aus dem argentinischen Tagebuch von 1958 abgedruckt, darunter diese: »Soldaten! Eine vom rhythmischen Krachen gestiefelter Beine zuckende Kolonne schreitet aus der Rodriguez-Straße herein. Wie ein Schlag schmettert sie auf den Platz. Der Spaziergang bricht ab, alle rennen, zu bewundern! Auf einmal ist der Platz wie belebt... aber durch welche Schande! Ha, ha, ha – es sei mir erlaubt zu lachen – ha, ha, ha, ha! Hereingebrochen sind Beine, die an der Fresse genommen sind, und in Uniformen gesteckte Körper, sklavische, durch befohlene Bewegung verschmolzen. Ha, ha, ha, ha, ihr Herren Humanisten, Demokraten, Sozialisten! Ist doch die ganze gesellschaftliche Ordnung, alle Systeme, die Macht, das Recht, der Staat und die Regierung, Institutionen und alles auf diese Sklaven gestützt, diese kaum der Kindheit entwachsenen, die man am Gesicht gepackt und gezwungen hat, blinden Gehorsam zu schwören (o unschätzbare Heuchelei dieses zwangsfreiwilligen Schwurs!) und die man abgerichtet hat zu töten und sich töten zu lassen. (...) Aber alle Systeme, ob sozialistische, ob kapitalistische, sind ja auf Sklaverei errichtet und, obendrein, auf junger – ihr Herren Rationalisten, Humanisten ha, ha, ha, ihr Herren Demokraten!«

Im gleichen Heft wird auch der Plan der »Quadrille« mitgeteilt, auf die Gombrowicz dem Rat seiner Übersetzer Geneviève Serreau und C. Jelenski folgend, verzichtet hatte. Dort erschienen die führenden Männer der ganzen Epoche; auf Tafeln waren jeweils Jahreszahlen angegeben, von 1910 bis 1945.

›Operette‹ ist ein wirkungsvolles, aber vieldeutiges, vieldeutbares Schauspiel. Vielleicht wiederum auch ein Künstlerdrama, denn Fior ist der Schöpfer der Formen. Am eindringlichsten hat Jan Blonski in der polnischen Zeitschrift »Dialog« (Nr. 6/1971) das Stück analysiert. Sein Essay trägt den Titel »Die Geschichte und ›Operette‹«.

Dieses Stück – warnt Blonski – »ist kein Traktat, keine Predigt. Deshalb definiert Gombrowicz seine Begriffe nicht präzis. Eher spielt er mit ihnen, rutscht von einer Bedeutung zur anderen, offenbart seine Obsessionen, Ahnungen, Träume, nicht seine Diagnosen und Prophezeiungen... Jeder Versuch der Präzisierung wäre eine Einengung einer Fülle von Emotionen und Bildern, deren verschiedene und manchmal widersprüchliche Bestandteile je nach der Lage in Gombrowicz' Kaleidoskop dargestellt werden.«

Daß den aus »ungeformten« Ländern, aus Polen, Argentinien Kommenden das übermäßig »geformte« Paris abstieß, drückte er so aus: Ihr seid Sklaven, Ihr habt der Kultur erlaubt, euch zu besitzen, statt daß sie euch diente. Ihr erborgt die Kostüme voneinander und seid gebeugt unter der Last der Zeichen.«

Hier ist zu ergänzen, daß Gombrowicz Paris nicht nur bekämpft, sondern berennt. Er will es erobern und hat das mit der glanzvollen Aufführung von ›Operette‹ auch, soweit es möglich war, vollbracht. Sich Distanzieren und Besitz-Ergreifen, das sind nicht Gegensätze.
Und wie ›Operette‹ ein Stück über Geschichte ist – hier folgen wir wieder Blonski – ist es auch das Gegenteil.

»Als Künstler hat Gombrowicz sich die Geschichte unterworfen. Alles, was er in seinem Stück eingebracht hat, entspricht seiner privaten Mythologie. Man kann die Meinung vertreten, daß ›Operette‹ nichts über Geschichte sagt, sondern, wie man aus der Geschichte flieht.«
Auch Jan Blonskis Deutung des Finale ist triftig. »Handelt es sich um eine fröhliche Offenbarung? Um einen skeptischen Spott? Um ein Glaubensbekenntnis oder eine ironische Farce? Gombrowicz hat recht: sein Stück beginnt erst auf der Bühne zu leben. Seine Bedeutung bleibt in der Schwebe. Es ist Sache der Regisseurs, zu entscheiden. »Menschheit, du hast verloren, deine Geschichte ist eine Narretei« sagt der eine der Januskköpfe. »Menschheit, fang wieder an, du bist ewig« sagt der andere.
Es ist gerechtfertigt, Jan Blonski, dessen Arbeiten über Gombrowicz häufiger benutzt als zitiert werden, ausführlicher zu Wort kommen zu lassen. Doch wie verhält es sich mit Gombrowicz' Selbstdeutung? Man muß ihr Rechnung tragen, doch

berücksichtigen wir auch die Relativierung, die Warnung, die ebenfalls von ihm stammt. In einem Brief an Maria Paczowska schrieb Gombrowicz: »›Operette‹ hat einen Sinn, einen einfachen Sinn: die Leiden der Menschheit, die Masken und Kostümprozessionen der letzten fünfzig Jahre. Doch das ist nur das Gerüst.«
Und er meldet Zweifel an gegenüber allen Deutungen – wir lassen es uns gesagt sein! – doch allen voran an der eignen: »Man soll niemals den Autor – noch das Werk – befragen, wie es gemeint ist. Wüßte der Autor, was er sagen will, würde er kein Stück schreiben.«

François Bondy/Constantin Jelenski

Vorbemerkungen

Der Text eines modernen Theaterstücks eignet sich immer weniger zum Lesen. Immer mehr wird er zu einer Partitur, die erst auf der Bühne zu leben beginnt, im Spiel, in der Aufführung.

Diese ›Operette‹ ist noch aus einem anderen Grunde schwierig zu lesen. Mich hat immer die Operettenform entzückt, eine von den glücklichsten, meiner Meinung nach, die am Theater entstanden sind. Während die Oper etwas Unbeholfenes, etwas dem Prätentiösen hoffnungslos Ausgeliefertes ist, ist die Operette in ihrem göttlichen Idiotismus, ihrer himmlischen Sklerose, ihrer herrlichen Beflügeltheit durch Gesang, Tanz, Geste, Maske für mich das vollkommene Theater, das vollkommen theatralische Theater. Kein Wunder, daß ich mich schließlich verführen ließ...

Aber... wie sollte man die marionettenhafte Leere des Operettenhaften mit einem wirklichen Drama füllen? Wie ja bekannt, ist die Arbeit des Künstlers ein ewiges Verbinden von Widersprüchen, Gegensätzen – und wenn ich mich an eine so leichtsinnige Form machte, dann nur, um sie mit Ernst und

Schmerz zu befrachten und dadurch zu ergänzen. Einerseits sollte daher diese Operette von Anfang bis zu Ende lediglich Operette sein, unantastbar und souverän in ihren operettenhaften Elementen; andererseits soll sie dennoch ein pathetisches Drama der Menschennatur sein. Niemand würde glauben, wieviel Mühe die dramatische Organisierung dieser Narretei gekostet hat. In einer Operette eine gewisse Leidenschaft unterzubringen, ein gewisses Drama, ein gewisses Pathos, ohne ihre heilige Dummheit anzutasten – das sind keine leichten Sorgen!

Der monumentale Operetten-Idiotismus, Hand in Hand gehend mit dem monumentalen Geschichts-Pathos – die Maske der Operette, unter der mit lächerlichem Schmerz das verzerrte Antlitz der Menschennatur blutet – das wäre wohl die beste Inszenierung der ›Operette‹ am Theater, aber ebenfalls in der Vorstellung des Lesers.

Die Handlung

Erster Akt: Vor dem Ersten Weltkrieg, etwa um 1910

Der blasierte Lebemann und Schwerenöter Graf Charme, Sohn des Prinzen Himalaj, plant die Verführung Albertinchens (»Ein Wunder von Mädchen«). Wie aber die Bekanntschaft Albertinchens machen, »ohne ihr vorgestellt worden zu sein«? Charme hat sich folgende Intrige ausgedacht: ein besonders dazu beschaffter Taschendieb, ein jun-

ger Schlingel und Taugenichts, wird sich an das auf einer Bank schlummernde Albertinchen heranstehlen und ihr irgend etwas klauen – das Portemonnaie, ein Medaillon. Da wird Charme den Taschendieb erwischen und sich ohne Verletzung des Savoir vivre diesem Wunder von einem Mädchen vorstellen können.
Doch was ist das nur?! Albertinchen fühlt im Schlummer die Hand des Taschendiebes und erträumt sich dabei nicht eine diebische, sondern eine Liebesberührung ... nicht eine, die sich an das Medaillon, sondern an ihren Körper heranmacht ... Und von da an wird dieses Mädchen erregt, bezaubert, von Nacktheit träumen ... und in Schlaf verfallen, um nochmals die entblößende Berührung zu empfinden ...
Unheilvoller Fluch! Denn Charme, der befrackte Graf, schämt sich der Nacktheit, verehrt die Kleidung! Und nicht durch Nacktheit will er sie verführen, sondern durch den Schick seiner Manieren, seiner Anzüge! Und nicht entkleiden will er sie, sondern eben ankleiden ... in den teuersten Läden, von luxuriösen Modistinnen ...
Und wer kommt zu Besuch aus Paris auf das Schloß Himalaj? Der berühmte Fior selber, der weltbekannte Meister und Diktator der Herren- und Damen-Mode! Also soll auf dem Schloß ein großer Ball stattfinden, verbunden mit einer Modenschau, bei welcher der Meister seine neuen Kreationen lancieren soll. Und während Albertinchen von Nacktheit träumt, beginnen unter Fiors Führung Gewand, Mode, Schick allmächtig zu prunken!

Der Meister jedoch ist unsicher und furchtsam: welche Mode erfinden, welche Linie vorschreiben, wenn die Zeiten unklar, in Dekadenz begriffen, unheilverkündend sind, und man nicht weiß, wohin die Geschichte steuert?...
Hufnagel, ein Graf und Pferdejockel, erteilt ihm seine Ratschläge. Laden wir, sagt er, Gäste zur Mitarbeit ein. Möge dies eine Maskerade sein, und dicjenigen, die an dem Mode-Wettbewerb teilnehmen wollen, sollen über das von ihnen projektierte Gewand der Zukunft einen Sack ziehen. Auf ein gegebenes Zeichen werden die Säcke fallen gelassen, die Jury wird Preise für die besten Ideen verteilen, und Meister Fior, durch diese Einfälle bereichert, wird die für die nächsten Jahre verpflichtende Mode verkünden.
Unheilvoller Fluch! Denn Hufnagel ist weder Hufnagel, noch Graf, noch Pferdejockel! Nein, er ist Josef, einstiger Kammerdiener des Prinzen, einst aus dem Dienst entlassen, nunmehr ein Agitator und revolutionärer Rädelsführer! Ha, ha, ha! Eingeführt in das Schloß unter angenommenem Namen durch den marxistischen Professor, trachtet dieser maskierte Terrorist unter der Maske eines Masken-Balls eine blutigere Mode einzuschmuggeln, eine schrecklichere Tracht... er will die schuhputzende und wienernde Dienerschaft aufwiegeln... er will Revolution!...

Zweiter Akt: Ball auf Schloß Himalaj
In Säcken kommen die Gäste, die an dem Wettbewerb zur Neuen Mode teilnehmen sollen.

Charme bringt Albertinchen mit. Beladen mit Garderobe (denn Charme, statt sie zu entkleiden, bekleidet sie) und, noch bezaubert von der diebischen Berührung, schläft sie immerfort ein ... und träumt von Nacktheit ... ruft schlaftrunken die Nacktheit zu sich ... und das bringt Charme und seinen Rivalen Firulet zur Raserei. Charme war zum Ball gekommen mit dem Taschendieb an der Leine ... vielleicht, um ihn im Auge zu behalten? ... damit der Schlingel nichts Schlimmes anstellt? ... oder weil er eifersüchtig ist, wegen dieser diebischen, freien Berührung, oder es wurmt und erregt ihn, daß der Taschendieb sich an alles heranmachen kann mit seinen spitzbübischen Fingern? ... Firulet, der Rivale, hat auch seinen Taschendieb an der Leine.
Außerstande, der schlaftrunkenen Aufforderung Albertinchens gerecht zu werden, verspotten Charme und Firulet einander, und das tragische Verlangen der Selbstvernichtung treibt sie zum Zweikampf. Bis schließlich, als der Ball sich in dem ganzen Glanz der Toiletten und Masken entfaltet, die verzweifelten Rivalen die Taschendiebe von der Leine lassen ... mögen sie tun, was sie wollen, mögen sie stehlen, sich heranmachen! ...
Verwirrung. Panik. Die Taschendiebe stehlen, was sie nur können, die Gäste aber, nicht wissend, wer sie da berührt und kitzelt, quietschen, toben! In allgemeiner Entfesselung der Manieren und Ausgelassenheit der Kostüme bricht Hufnagel, der Terrorist und Pferdejockel, los, im Galopp an der Spitze der Diener ... Revolution.

Dritter Akt: Ruinen des Schlosses Himalaj
Revolution.
Wind der Geschichte... Viel Zeit ist vergangen: Die beiden Weltkriege und die Revolution.
Die Tracht der Menschen ist wahnsinnig geworden... Draußen im Freien, im Lichtschein der Blitze, erscheinen die wunderlichsten Verkleidungen: ein Prinz als Lampe, ein Pfarrer als Weib, eine Nazi-Uniform, eine Gasmaske... Alle verbergen sich, und man weiß nicht, wer man ist...
Hufnagel als Reiter an der Spitze einer Schar Diener jagt hinter Faschisten und Bourgeois her.
Und Meister Fior, starr vor Staunen und Entsetzen, ist bemüht, sich in dieser neuen Modenschau irgendwie zurechtzufinden.
Es folgt ein Gericht über die erwischten Faschisten. Vergeblich verlangt Fior eine normale Gerichtsverhandlung. Sturm! Gewitter! Der Sturmwind würgt, reißt mit...
Doch was ist das? Ach, was ist das? Charme und Firulet treten auf, Schmetterlinge fangend, hinter ihnen erscheint ein Sarg, von zwei Totengräbern getragen. Und sie erzählen ihre traurigen Erlebnisse: Damals, bei dem Ball, war Albertinchen verschwunden, sie fanden lediglich üppige Reste ihrer Garderobe! Und die Taschendiebe waren ebenfalls verschwunden. Also, in der Überzeugung, daß Albertinchen entkleidet und vergewaltigt und getötet worden war, haben sie sich mit diesem Sarg in die Welt aufgemacht, um die nackte Leiche Albertinchens zu begraben.
Da legen alle in den Sarg ihre Mißgeschicke und

ihre Leiden nieder. Doch was ist das? Ach, was ist das?! Als zuletzt Meister Fior, die menschliche Kleidung verfluchend und die Mode und die Masken, mit einer Geste höchster Verzweiflung in den Sarg die heilige, gewöhnliche, für immer unerreichbare menschliche Nacktheit niederlegt ... ersteht aus dem Sarg das nackte Albertinchen! ...
Wie ist sie in den Sarg gelangt? Wer hat sie dort versteckt? Beide Totengräber werfen die Masken ab: sie sind die Taschendiebe! Sie hatten Albertinchen bei dem Ball gestohlen, entkleidet, im Sarg versteckt ...
O, Nacktheit, ewig junge – o, Jugend, ewig nackte – o, Nacktheit, ewig junge – o, Jugend, ewig nackte ...

Bemerkungen zum Spiel und zur Regie

Musik, Couplets, Tänze, Dekorationen, Kostüme im klassischen Stil der ehemaligen Wiener Operette. Leichte, alte Melodien.
Doch allmählich gerät die Operette in den Wirbel der Geschichte und nimmt an Wahnsinn zu.
Effekte von Gewittersturm, Windstöße, Donner, zu Beginn eher rhetorisch – im zweiten und besonders im dritten Akt gehen sie über in ein richtiges Sturmgewitter. Die shakespeareschen Szenen des dritten Aktes mögen pathetisch und tragisch sein.
Die Gegenüberstellung Kleidung–Nacktheit, das

ist der grundsätzliche Leitfaden von ›Operette‹. Der Traum von der Nacktheit eines Menschen, der gefangen ist in wunderlichsten und schrecklichsten Kleidungen ...

Witold Gombrowicz

Operette

Personen

MEISTER FIOR
PRINZ HIMALAJ
PRINZESSIN HIMALAJ
GRAF CHARME HIMALAJ
BARON FIRULET
ALBERTINCHEN
VATER UND MUTTER ALBERTINCHENS
DIE ZWEI TASCHENDIEBE
PFARRER
BANKIER
GENERAL
MARQUISE
PROFESSOR
GRAF HUFNAGEL
KAMMERDIENER LADISLAUS
Diener, Gäste

Erster Akt

Ein Platz vor der Kirche: Promenade mit Bäumen und Bänken. Seitlich im Vordergrund die Gruppe der Herrschaften: Bankier, General, Professor, Marquise. Kostüme aus der Zeit vor 1914, reich, üppig: Uniformen, Jacketts, Chapeau-claques, Backenbärte, steife Kragen, Spazierstöcke, Galons, etc. Distinguierte Manieren: Verbeugungen, Lächeln, süßliche Mienen, etc.
Im Hintergrund zur Linken die Gruppe der Diener. Es sind vier, in Livree, mit Lakaien-Fressen.
Es erscheint Graf Charme Himalaj, ein goldener Jüngling von 35 Jahren, ein blasierter Lebemann und Schwerenöter: Frack, Chapeau-claque, Handschuhe, Spazierstöckchen, Monokel. Hinter ihm sein Diener Ladislaus

GRUPPE DER HERRSCHAFTEN *singt*
Oh, der Graf, der Graf, der Graf Charme
Oh, Graf Charme!
CHARME *singt*
Oh, der Graf, der Graf, der Graf Charme
Oh, Graf Charme!
Erstarrt in distinguierter Pose; zu Ladislaus
Ladislaus, bring mir das linke Hosenbein in

Ordnung und kratz mir das rechte Schulterblatt... Ob sie wohl bald herauskommen wird?

LADISLAUS *50 Jahre, Backenbart, Dienerkleidung* Zu Diensten, Herr Graf. *Er kratzt ihn und bringt das Hosenbein in Ordnung.* Nein, Euer Gnaden, jetzt noch nicht, die Heilige Messe ist noch nicht zu Ende, wird aber gleich zu Ende sein, da wird sie rauskommen, Herr Graf...

CHARME Und dieser Taschendieb?

LADISLAUS Ich hab' ihn hier hinterm Busch, Euer Gnaden...

CHARME Zeig, laß mal sehen! *Ladislaus zieht den Taschendieb wie einen Hund hinter dem Busch hervor: 18 Jahre, barfuß, mickrig, ein Straßenjunge, ein Landstreicher*

Hm, ein rechter Taschendieb kennt seine Arbeit, stell' ich mir vor...

LADISLAUS Hiii, ist ja gerichtlich vorbestraft, bitte, Euer Gnaden, einer vom Fach.

CHARME Versteck' ihn im Gebüsch, dort soll er warten. Ohne ihn werde ich nichts erreichen.

Ladislaus versteckt den Taschendieb.

Wie viele Weiber habe ich auf meiner Liste?

LADISLAUS Euer Gnaden haben mit dem heutigen Tage auf der Liste 257, und der Herr Baron Firulet hat 256.

GRUPPE DER HERRSCHAFTEN *erwacht*

Oh, der Graf, der Graf, der Graf Charme!
Oh, oh, der Baron Firulet!

CHARME Dieser groteske Baron! Gib mir einen Bonbon. Ich habe Sodbrennen. Die Austern gestern, Champagner, Poularde, ha, ha Leontine, cette Enchantehesse, Mimosen, Orchideen, Schmuck und Kakadu, nur nachher Pech, dévaine, pahole* d'honneur, dieses Bakkarat im Klub, 13.575 plus 12.830, zusammen etwas um sechsundzwanzigtausend, ha, ha, ich habe verspielt, welch ein Nächtchen... Zigeuner... ich würde ein Nickerchen machen.

Gähnt

Ach, ach!

Belebt sich

Verfluchter Baron! Als wenn er mich einholte. 257 und 256. Hö, hö. Kratz mich am Schuh, dort wo ich den zweiten Zeh habe am linken Fuß.

Ladislaus kratzt!

Hö, hö! Bahon*! Ich habe tüchtig verspielt. Und diesem Mädchen wird man etwas an Garderobe verschaffen müssen. Ha! *Gähnt* Doch alle muß man wohl bekleiden! *Wütend* Der Bahon!

Verneigt sich vor der Gruppe der Herrschaften, die ihm mit wiederholten Verbeugungen antwortet. Singt

Ach zum Teufel der Baron!
Was soll mir der Baron!
Ich bin Graf Charme,
Eroberer von Damen!
Ich bin der Lebemann Graf Charme
Graf Charme, der Schwerenöter.

Er gähnt. Erklärt im Gehen diskret und weltläufig

* Spricht, snobistisch, H statt R (wie später auch Firulet, Prinz, Prinzessin). Seit zu Molières Zeiten die Aristokratie das R wie L aussprach, wurde dergleichen auch im Polnischen üblich. Im deutschen Text ist das nur hin und wieder angedeutet.

Enfant gâté der Salons, hö, hö,
Schnurrbart, Monokel, mein Stöckchen geschwungen,
Gott, welch ein Chic!

Er singt

Komtessen und Prinzessen,
Bürgerliche und Negressen,
Alle liegen mir zu Füßen.
Welcher Charme, Graf Charme,
Eroberer von Damen
Gefährlich, smart, mondän –
Quel chic, quel charme, et quelles manièhes!

Auftritt Baron Firulet, 35, Jagddreß, Doppelflinte, Monokel, Hundepeitsche, Hütchen mit Feder. Impertinente Manieren. Hinter ihm der Jäger Stanislaus mit der Jagdtasche.

FIRULET *singt*

Donnerwetter, wen ich da traf,
Ist das nicht Charme, der Graf?
Aber ja, es ist der Graf,
Bezaubernd Sie zu treffen!
Wie prickelnd, wie aufregend,
Ihr Diener, Graf Charme!
Zu Diensten, Graf Charme!

Und ich der Baron, ich, Firulet,
Die Schönen hängen mir am Gilet.
Jäger bin ich von schönem Wild
Piff, paff – ich hab' sie
Piff, puff in meinen Armen!

Im Gehen

Jäger bin ich, Jäger der Schönen!
Piff, paff, ich locke

Piff, paff, sie fällt
Piff, puff, in meine Arme

Da Capo ...

Simple Strategie – schon liebe ich sie.
Beim Diner, im Maxim – da werd' ich intim.
Oh Liebe, oh Love!

Spricht Stanislaus, wie viele habe ich auf der Liste?

STANISLAUS Euer Gnaden Herr Baron haben 256, und Herr Graf Charme hat 257.

FIRULET *singt*

Ihr Diener, Graf Charme,
Zu Diensten, Graf Charme,
Die schwatzhaften Schwätzer
Beschwatzt Firulet.

GRUPPE DER HERRSCHAFTEN *singt*

Oh, oh, oh, Graf Charme
Oh, oh, Baron Firulet!

CHARME Teuher Bahon Fihulet, ich sehe, wenn mein Blick nicht irrt, daß Herr Bahon die behauschenden Orchideen-Dschungel unserer betöhenden Kakadu-Kokoko la T-hés Belle verlassen haben, um das Jagdglück auf mehr ... hm, hm ... jungfräulichen Gebieten zu p-hobieren ... ha, ha, ha!
T-hois sans atout!

FIRULET Der teure Charme! Sollten Herr Graf irgendeine Sehnsucht bezüglich der berauschenden Parfüme unserer Kakadu-Kokoko la Très Belle hegen, bitte mich zu beriechen, ich bin davon durchtränkt. Ha, ha, ha! Full hand in cœur. *Stolziert vor Charme hin und her*

CHARME Pik Dame!

FIRULET Vier Treff und Bube!

CHARME Passe!

FIRULET Passe!

CHARME Re!

FIRULET Contra!

CHARME Passe!

FIRULET Passe!

GRUPPE DER HERRSCHAFTEN *singt*

Ach, ach, ach, ach, ach, Graf Charme!
Ach, ach, Baron Firulet!

CHARME Hohs d'oeuvhes et sauce Belmontó! Erlauben Herr Bahon, wenn mich der Blick nicht trügt, haben Herr Bahon sich mit dieser Flinte aufgemacht, um ein Rehlein zu jagen, sap-histi! Rehlein schießt man nicht! Und Wildern auf fremden Gebieten würde ich auch nicht raten, sap-histi. Cambhidge, t-hain de luxe, Cognac Mahtel, Ritz und Carlton!

FIRULET Ho, ho seit wann denn nehmen kahlköpfige Schwerenöter unschuldige Rehlein in Schutz? Sieben Bacchantinnen!

CHARME Vier Nymphen!

FIRULET Zwei Odalisken, eine Stenotypistin!

CHARME Eine Negerin, drei Telefonistinnen!

FIRULET Paroli!

CHARME Verdoppelt!

FIRULET Nase!

CHARME Nase!

FIRULET Passe!

CHARME Passe!

GRUPPE DER HERRSCHAFTEN *singt*

Ach, ach, ach, ach, ach, Graf Charme!
Ach, ach, Baron Firulet!

CHARME *gleichgültig* Langeweile

FIRULET *gleichgültig* Sodbrennen

CHARME Pechsträhne

FIRULET Migräne

CHARME Nase

FIRULET Nase

CHARME Passe!

FIRULET Passe!

Firulet geht mit dem Jagd-Diener hinaus.

CHARME Fasanen und Krammetvögel. Provokation. Impertinent. Mir ist schwach geworden. Ladislaus, eine Spritze!

Ladislaus gibt ihm eine Spritze.

Albertinchen, ein Wunder von einem Mädchen. 257. 256. Teufel, wieder habe ich verspielt. Champs Elysées, Kurfürstendamm, Fhicassée, Delikatessen, Gott, wie langweilig.

Setzt sich im Hintergrund der Szene auf einen Schirm, der sich öffnet und zum Sessel wird

GRUPPE DER HERRSCHAFTEN *allmählich belebt sich die Konversation* Die Stühlchen von Lord Blotton ... die Stühlchen von Lord Blotton ... Die Stühlchen von Lord Blotton ... *Mit wachsender Belebung* Die Stühlchen von Lord Blotton ...

GENERAL Die Weste von Lord Blotton.

BANKIER Die Weste von Lord Blotton?

MARQUISE Aber ja, eben, die Weste von Lord Blotton!

GENERAL In zweierlei Schattierung ...

PROFESSOR Mit umgelegten Ecken.

BANKIER Was sagen die Herrschaften? Mit umgelegten Ecken – eine Weste?!...

Orgel-Akkord. Aus der Kirche kommt das Prinzenpaar Himalaj in Gesellschaft von Meister Fior.

PRINZ Welch eine P-hedigt unser teuher Pfahher gehalten hat zu Ehren unseres teuhen Herrgotts, wie gut, daß unser teuher Herrgott geehrt wohden ist durch unseren teuhen Pfahher. Hosianna!

PRINZESSIN Halleluja, Hosianna in excelsis! –

Sie begrüßen die Gruppe der Herrschaften.

Und hier, bitte, unser teuher Gast, unmittelbar von der Avenue des Champs-Elysées angelangt, Meister Fioh in eigener Pehson, wahrhaftig, wir fühlen uns mit unserem Gemahl geehrt in excelsis...

PRINZ Wir sind, wahhaftig, beide mit der Gemahlin erfheut in den Höhen durch diesen allerliebenswürdigsten Besuch unseres teuhen Meisters Fioh...

PRINZESSIN Der Meister ist ein wahrer Diktator der Kleidung in Euhopa.

PRINZ Sowohl der Hehhen – wie der Damenmode. Er ist es, der alljährlich die verpflichtende Linie lanciert...

PRINZESSIN Meister Fioh, bitte die Herrschaften, hat gehuht, die Einladung meines Gemahls anzunehmen und ist auf das Schloß Himalaj gekommen, um in excelsis seine alljährliche Moderevue vorzuführen, sowohl der Herren- wie der Damenmode. Hosianna! Halleluja in excelsis!

PRINZ Zeichen der Zeit, und von welcher Bedeutung! Diesmal wird von unserer Residenz Himalaj die Stimme des Diktators der euhopäischen Mode ertönen.

GRUPPE DER HERRSCHAFTEN

Ach, ach, ach, ach, das ist Meister Fior!
Ach, ach, ach, ach, eine Modenschau!
Oh, welch ein Wunder! Oh, welch ein Wunder!

FIOR *singt*

Ja, ich bin Fior,
Schöpfer der Mode,
Ich präge und forme
Die Linie en vogue
Für Damen und Herren,
Was chic ist und flott,
Was flott ist und chic –
Der letzte Schrei!

Ach, diese Eleganz – oh, dieser Stil, soviel Chic und savoir vivre *Da capo*...

Sarkastisch

Rembrandt und Michelangelo, ha, ha, ha!
Dante und Goethe, ha, ha, ha!
Beethoven und Bach, ha, ha, ha!
Der wahre Meister bin ich!
Ich bestimme die Norm
Für Linie und Form
Dictateur de la mode!

Im Gehen

Messieurs, mesdames,
Ich mache Backenbärte sprießen, Decolletées anschwellen oder abschwellen, befehle Braun

oder Blaß und den Lidstrich nach Maß *Da capo*...

Denn ich bin der Meister!
Ja, ich bin Fior!

CHARME *nähert sich singend*

Ja, ich bin Graf Charme,
Der schöne Graf Charme,
Chic, galant, imposant –
Der Charme des Salons
Avec contenance.
Der schöne Graf Charme:
Chic, galant, imposant.
Schirm, chapeau-claque
Monokel und Frack.

FIOR UND CHARME

Ja, ich bin Fior (Charme),
Schöpfer der Mode,
Ich präge und forme
Die Linie en vogue
Für Damen und Herren,
Was chic ist und flott,
Was flott ist und chic –
Der letzte Schrei.

FIOR Lieber Graf Charme, niemand versteht es besser als Sie, einen siebenfach reflektierenden Chapeau-claque zu tragen – dieser Ruf ist bis zu mir nach Paris gedrungen.

CHARME Und bitte, betrachten Sie meine Weste.

GRUPPE DER HERRSCHAFTEN

Die Stühlchen von Lord Blotton...
Die Stühlchen von Lord Blotton...

PRINZ Ich zweifle nicht, daß mit Hilfe von Charme

der Meister große Sachen kreieren werden. In den heutigen Zeiten, in diesen sozialistisch-demokratischen und atheistisch-sozialistischen Zeiten, ist die Kleidung zur stärksten Bastion der höheren Klasse geworden. Was würde geschehen, wären nicht all diese Nuancen, Subtilitäten, Schattierungen, diese rätselhaften Arabesken, in denen sich Uneingeweihte verlieren, durch die wir uns, die Oberschicht, von der Unterschicht isolieren. Kleidung und Manieren, das ist unsere Bastion in excelsis! Hosianna! Die niedere Klasse, schlechterdings, tut, was sie kann, um sich sowohl unsere Mode anzueignen, als auch unsere Manieren, doch auch gerade deswegen muß man fortwährend innovieren, um zu desorientieren!

PRINZESSIN Grotesk, es gibt keinen Moment Ruhe, welch eine Verfolgung, kaum habe ich mir einen Peignoir-Kragen à la Reverbère angeschafft, schon sehe ich einen ebensolchen bei meiner Friseuse. Und am schlimmsten ist es mit der Dienerschaft, – stellen Sie sich bitte vor, gestern habe ich meine Garderobiere ertappt, wie sie meine Toiletten anprobierte...

PRINZ Aber ich bitte, Fernanda... bitte...
Zeigt diskret auf die Diener im Hintergrund
... bitte... die Dienerschaft!

PRINZESSIN Die Dienerschaft!... *Verfällt in Schweigen*

BANKIER Tsss... *Leiser* Und mein Kammerdiener, pensez donc, imitiert meine Art, die Krawatte zu binden!

GENERAL Tsss ... Meine Ordonnanz benützt meine Schuhcreme.

PRINZ UND PRINZESSIN Tsss ... Die Dienerschaft!

ALLE Tsss ... Die Dienerschaft!

PRINZ Sie haben wohl nichts gehört ... Tsss ...

GRUPPE Haben wohl nichts gehört ... Tsss ...

PRINZ Und wenn sie auch etwas gehört haben sollten! ... Und wenn auch! ... *Ruft* Konstantin!

Der Diener kommt gelaufen.

Schuhe putzen!

GENERAL Ein guter Gedanke, auf mein Wort, denn das ist ja auch ein Staub! Gustav!

Seine Ordonnanz, Gustav, kommt gelaufen.

Poliere mir die Stiefelspitzen, wie es sich gehört!

PRINZ Einen Platz für jeden, jeder an seinen Platz, das sag' ich schon immer.

BANKIER Heut ist es schwül, drum klebt sich auch der Staub ans Schuhwerk. Walek! Polier das Oberleder und vergiß nicht die Seiten!

Der Diener macht sich ans Putzen.

Nach Paris, Meister, wird Ihnen unsere Gegend wohl etwas eintönig erscheinen.

FIOR Aber nicht doch!

PRINZESSIN Der Meister ist gnädig gegen uns! Franz! Bitte auch mir ... *Zur Marquise* Eulalia, ich sehe, auch deine Pantöffelchen sind staubig ... Franz, erst der Frau Markgräfin.

MARQUISE Piti, piti.

CHARME Ladislaus! Zuerst dem Meister, dann dem Herrn Professor und mir!

Die Diener putzen unten, die Herrschaften sprechen oben.

PROFESSOR *zu Charme* Ich werde unendlich verbunden sein... *Tut, als kotzte er auf Fior*

FIOR Pardon!

PRINZESSIN *zu Fior* Unser armer unschätzbarer Professor krankt chronisch an unheilbarem Erbrechen. Das manisch-chronische Erbrechen des Professors wurde erfolglos von den größten internationalen Kapazitäten behandelt. Der Professor, in der Tat, erbrach sich auf die größten Spezialisten, aber auch auf verschiedene Assistenten, Krankenschwestern, que sais-je, auch auf meinen Gemahl und auf mich, es wäre überhaupt schwierig, irgendein Möbel oder eine Person zu finden, die nicht von unserem teuren Professor bekotzt worden wäre. Im Sommer erbricht sich unser teurer Professor auf Gartenrondelle, Blümchen, Kräutlein, Würmchen oder Hündchen, und auch, zum Beispiel, auf Insekten oder Bäume oder Schubkarren im Gemüsegarten.

PRINZ Das Erbrechen unseres teuhen P-hofessohs hat einen spasmatischen Charakter, einen konvulsiven und, zweifellos, chronischen.

Der Professor scheint sich auf die Marquise zu erbrechen.

Da, bitte!

MARQUISE Piti, piti!

PRINZ Aber da ist ja unser teuher Pfahher.

PFARRER Mit Gott!

PRINZESSIN Welch eine Predigt haben unser teuher Herr Pfahher zu Ehren unseres teuren Herrgotts gehalten! Bitte, Herr Pfahher, dies ist Meister Fioh!

PFARRER Gesegnet…

FIOR Enchanté absolument!

MARQUISE Piti, piti.

PRINZ Wo bin ich stehen geblieben?… Aha, unser teuher P-ho-fessoh übergibt sich auch auf Blättchen, Gräschen, Sofas, Teller, Zäune, Balustraden, Gouvernanten und Hüte. Es soll sich, wie die Ärzte sagen, um einen chronischen, Übelkeit und Würgen erregenden Zustand handeln, einen Zustand… wie soll ich sagen… von unüberwindlichem tief verwurzeltem Widerwillen. A propos! Und wo ist denn, Herr P-hofessohs, der Fheund Herrn P-hofessohs, dieser berühmte Pferdejockel und Spohtsmann, Ghaf Hufnagel, den Herr P-hofessoh versp-hochen haben, uns vohzustellen!

PROFESSOR *als wenn er kotzte* Pardon! Graf Hufnagel ist noch in der Kirche, noch ganz im Gebet, gleich wird er erscheinen.

PFARRER Frau Valentin! Stauben Sie mir ein bißchen die Sandalen ab! *Frau Valentin, Wirtschafterin des Pfarrers, macht sich ans Putzen.*

GRUPPE DER HERRSCHAFTEN Die Stühlchen von Lord Blotton… Die Stühlchen von Lord Blotton… Die Stühlchen von Lord Blotton… *Pianissimo* Die Stühlchen von Lord Blotton… *Verfallen in Schweigen*

1. DIENER He, rück mal beiseite, was drängst du dich?

2. DIENER Das ist mein Fuß!

3. DIENER Jetzt sind die Schuhkappen so spitzig…

ORDONNANZ Fort, Lumpenpack, siehst du nicht, daß ich den Herrn General putze?

3. DIENER Heute hat man Socken mit Streifen.

LADISLAUS Dräng dir nich, Schuhputzer!

WIRTSCHAFTERIN DES PFARRERS Es ist ein Kreuz mit diesem Pack!

2. DIENER Mir ist die Schuhwichse ausgegangen. Ich leck's mit der Zunge ab.

3. DIENER Ich hab auch keene Wichse, aber 'ne Zunge.

WIRTSCHAFTERIN Es ist ein Kreuz mit diesen Lümmeln.

3. DIENER Walek, hier leck mal, unter dem Absatz!

DIE DIENER *singen*

Ei, putz ihn auf Glanz!
Auf Glanz wiener' ihn!
Mit der Zunge!
Mit der Zunge!
Heia he, heia he!

GRUPPE DER HERRSCHAFTEN *erwachend* Die Stühlchen von Lord Blotton...

PRINZESSIN Ich hoffe, daß alle Herrschaften bereits die Einladung zum Ball erhalten haben, der, wie ich nicht zweifle, diese so außergewöhnliche Moderevue des Meisters im Glanz erstrahlen lassen wird in excelsis, Hosianna, Hosianna, Halleluja, Halleluja!

PRINZ Der Ball sei des Meisters würdig, und der Meister des Balles, in excelsis... Hosianna, Hosianna!

HERRSCHAFTEN Die Stühlchen von Lord Blotton!

PFARRER Nichts geht über wohlanständige Unterhaltungen.

GENERAL *zur Ordonnanz* Leck hier ab, die Sohle.

Graf Hufnagel verläßt die Kirche im Jagdkostüm, rot, für eine Treibjagd, die Reitgerte in der Hand.

PFARRER Da ist ja auch der Herr Graf Hufnagel! Christlichen Lobes würdig, bitte sehr, Mitbrüder, kommt als letzter aus dem Gotteshaus, lobenswert, lobenswert...

PRINZ Pferdejockel sind immer fromm. Interessant: sooft mir im Leben ein Pferdejockel begegnet ist, war es immer ein frommer.

PROFESSOR

Kotz!
Kotz!
Gestatten die Hoheiten,
Gestatten die Herrschaften,
Graf Hufnagel,
Mein Freund und Kumpan,
Kotz, kotz, kotz!

DIENER *den Schuh der Prinzessin leckend* Was für Röcke jetzt die hohen Damen tragen, mit Rüschen, ich muß das der Minna sagen.

2. DIENER Leck, schau nicht unter'n Rock, Lümmel.

PRINZESSIN *singt*

O, Graf, unvergleichlicher Champion!

PRINZ *singt*

O, Derby, Longchamp, Prix Grand Prix!

HUFNAGEL *singt*

Galopp, Galopp!
Im Kopf nur Galopp!
Nicht Trab, nur Galopp,
Ich leb' im Galopp.

Die Sporen gegeben,
Die Peitsche geknallt,
Galopp ist mein Traum,
Galopp oder Tod.
Mein Gesetz heißt Galopp.
Ich bin der Galopp.

HERRSCHAFTEN *singen*

Galopp, Galopp, auf zum Galopp,
galoppiert den Galopp, galoppiert den
Galopp der Galopps!

Verfallen in Schweigen

CHARME *geht langsam nach hinten, gefolgt von Ladislaus* Langeweile, Sodbrennen, Pech im Spiel. Ladislaus, gib mir eine Spritze!

Ladislaus gibt ihm eine Spritze.

Warum bleibt sie so lange drin?

LADISLAUS Gleich wird sie kommen!

CHARME Und immer setzt sie sich auf diese Bank?

LADISLAUS Immer, wirklich immer.

CHARME Laß ihn ein bißchen raus, deinen Taschendieb.

Ladislaus zieht den Taschendieb an einer Leine aus dem Busch heraus.

Warum hast du ihn an der Leine?

LADISLAUS Weil er gerichtlich vorbestraft ist. Zur Sicherheit.

CHARME Na gut. Hast du ihm eingetrichtert, was er machen soll? Ich wiederhole es nochmals. Sie wird sich, wie immer, auf diese Bank setzen, um auf ihre Freundin zu warten. Auf mein Zeichen stiehlt sich dieser Taschendieb hinten heran und – happs... wird er ihr irgendwas klauen, das

Täschchen oder das Taschentuch ... Da packe ich den Dieb und stelle mich vor ... natürlich, das ist ja klar, in dieser Situation habe ich nicht nur das Recht, sondern bin geradezu verpflichtet, mich vorzustellen ... Und dann lade ich sie zu einem Souper ein, und wir werden sehen, ha, ha, ha, was Firulet für ein Gesicht macht! Ich werde ihr einen Muff kaufen.

LADISLAUS Wird schon gemacht, wird schon gemacht, Euer Gnaden ...

CHARME *wie beschämt* Weißt du, Ladislaus, versteh, Ladislaus, begreife, nimm es mir nicht übel – natürlich würde ich lieber nicht die Hilfe eines solchen Taugenichts in Anspruch nehmen, aber ich sehe nicht, sehe tatsächlich nicht, Ladislaus, wie ich, ein Mann von Welt, wie ich, mit meiner Erziehung, meinem Stil, – wie ich einfach so eine junge Gans auf einer Bank vor der Kirche ansprechen könnte ... Denn wäre es eine Kokette, oder Komtesse, oder Duchesse, oder eine vom Ballett, eine Ehefrau oder eine Schauspielerin, das wäre etwas anderes. Aber ich werde doch nicht so eine Gans ansprechen! Auf einer Bank! Auf einem kleinen Square! Ich sehe nicht einmal, wie ich sie auf Distanz von zehn Schritten grüßen könnte! Ce n'est pas mon genre, verstehst du, Ladislaus! Aber solch ein Taugenichts, ein Tunichtgut kann das, ihm ist alles einerlei, er kann sich der Bank nähern, dem Mädchen sein Tuch, seine Brosche, sein Portemonnaie klauen! Bitte! Ich kann das nicht! Er kann. Eine sonderbare Bestimmung der Natur, fürwahr: ich kann nicht, er kann. Also, versteh, Ladislaus, er muß den Anfang machen, mir den Vorwand liefern, die Bekanntschaft zu schließen. Und dann kaufe ich ihr einen Muff und ein Collier. Verstehst du, Ladislaus?

LADISLAUS Wird gemacht! Oho, da kommt sie!

Versteckt sich mit dem Taschendieb hinter dem Busch. Man hört Akkorde der Orgel. Aus der Kirche kommt Albertinchen mit ihren Eltern.

MUTTER Die Predigt des Pfarrers, welch eine Predigt des Pfarrers, oh, war das eine Predigt, eine Predigt ... *Zu Albertinchen* Halte dich gerade!

VATER Die Luft ist frisch. Es wird nicht regnen, aber die Sonne, viel wird sie auch nicht scheinen ...

MUTTER In diesem Jahr fallen die Löckchen ein wenig in die Stirn, mit einem Kringel über dem Ohr. Hast du gesehen, Tinchen?

VATER Die Sonne, na ja, aber auch regnen wird's nicht ...

MUTTER *zu Albertinchen* Was drehst du denn so mit den Beinen, was machst du denn nur mit den Beinen ... Tinchen! Es ist ein Kreuz! Die Leute schauen!

VATER He! Schau mal, Mutter! Siehst du den dort? ...

MUTTER Im Frack?

VATER Der Schlag soll mich treffen! Das ist Graf Charme!

MUTTER Charme? Der schöne Graf Charme? Charme, der Verführer? Schau, Tinchen, nein, schau nicht, das geht dich nichts an, schau vor dich hin – ein wahres Kreuz ist das!

VATER Im Frack! Kommt wohl direkt aus dem Club, aber doch nicht aus der Kirche, he!

MUTTER Was denn, Tinchen? Bleibst du hier?

ALBERTINCHEN Ich muß auf Hannchen warten.

MUTTER Ein Kreuz ist das! Daß du dich nicht zum Mittagessen verspätest! Und schau nicht hin, wo es nicht nötig ist. Streich deine Haare glatt, hinter die Ohren damit! Wo hast du dein Strickzeug? Strick, schau dich nicht um...

VATER Komm, Mutter, komm, wir verspäten uns sonst...

Eltern ab. Albertinchen setzt sich mit der Handarbeit auf die Bank.

ALBERTINCHEN Fliegen. Oh, eine Fliege. Hannchen. Der Baum. Heiß ist es. Heiß. *Gähnt Charme geht vor ihr vorbei, charmant, im Chapeau-claque. – Charme geht zurück, geht vorbei. – Albertinchen schaut. – Charme kommt wieder vorbei. – Albertinchen schaut. – Charme kommt noch einmal. – Albertinchen schaut. – Charme kommt noch einmal.*

O!... Was hat er?... Ich möchte schlafen.

Schläft ein. Charme gibt Ladislaus ein Zeichen, dieser kommt mit dem Taschendieb hinter dem Busch hervor. Neue Zeichen von Charme. Ladislaus läßt den Taschendieb von der Leine, der, nach einigen Pirouetten in der Freiheit, sich zu Albertinchen heranstiehlt und sie ziemlich lange betastet.

CHARME Was macht der so lange!

ALBERTINCHEN *im Schlaf* Oooo...

Der Taschendieb raubt ihr Medaillon vom Hals

und läuft zu Charme, der ihn zu Boden wirft. Donnerschlag. Wind, Gewitter. Plötzlich Stille

CHARME Lumpenkerl!

LADISLAUS O Schweinehund! O Schweinehund!

Er nimmt den Taschendieb an die Leine.

CHARME *nähert sich Albertinchen mit dem Medaillon, das er dem Taschendieb abgenommen hat* Entschuldigen Sie, meine Dame, daß ich es wage, zu Ihnen zu sprechen ohne vorgestellt zu sein, doch soeben hat dieser Taschendieb dort gewagt, Ihren unschuldigen Schlummer mißbrauchend, Ihnen dies Medaillon zu rauben. Ich hielt es für meine Pflicht, sofort einzuschreiten. Doch merke ich, daß ich zu Ihnen spreche, ohne vorgestellt worden zu sein. Gestatten: Graf Himalaj.

ALBERTINCHEN Oh!

CHARME *singt und tanzt*

Ich bin Graf Charme!
Eroberer von Damen!
Ich bin der Lebemann Graf Charme,
Graf Charme, der Schwerenöter!
Komtessen und Prinzessen,
Bürgerliche und Negressen,
Alle liegen mir zu Füßen,
Monokel, Schnurrbart, Chapeau-claque!
Denn ich bin Charme,
Der Damen Schwarm!

ALBERTINCHEN *singt und tanzt*

Ich bin Albertinchen,
Ein allerliebstes Mädchen.
Dies ist mein Händchen,

Das da mein Füßchen,
Dieses mein Öhrchen, das meine Zähnchen,
Das da mein Näschen, doch nicht für dich!
Dies hier mein Mündchen, doch berühr es nicht!
Oh, Traum, mein bezaubernder Traum,
Oh, Träume, verwirrend und süß,
Träume, die ich schon träume,
Träume, die ich noch träumen werde...

Nicht für dich, meine Zähnchen,
Nicht für dich, meine Öhrchen,
Nicht für dich, mein Mündchen,
Nicht mein Zünglein für dich.

Nicht Näschen, nicht Öhrchen,
Nicht Mündchen, nicht Zünglein,
Nicht mal 'ne Hand!

Oh, Traum, mein verwirrender Traum,
Oh, Träume, bezaubernd und süß,
Träume, die ich schon träume,
Träume, die ich noch träumen werde...

CHARME *singt*
Ach, mein bezaubernder Traum!
Da ich bereits die Ehre hatte, Ihnen vorgestellt zu sein, ist es mir gestattet, ein Weilchen auf diesem Bänkchen neben Ihnen zu ruhen in geziemendem Abstand?...

ALBERTINCHEN Bitte!... Nehmen Sie Platz, Herr Graf! Was ist das? Habe ich geschlafen? Mir ist, als ob ich geträumt hätte... wie wenn eine

Hand... *Beschämt*... so... Ja, es war ein Traum. Eine Hand, so als wenn sie...

Schaut verstohlen auf Charme, mißtrauisch, berührt ihr Decolleté...

CHARME *verlegen* Ja, also, das war eben dieser Taschendieb...

ALBERTINCHEN Ein Taschendieb?

CHARME Haben Sie denn nichts bemerkt?

ALBERTINCHEN Was? Heiß ist es. Und diese Fliegen. Ich bin eingeschlafen und habe geträumt... eine Hand.

Schaut mißtrauisch auf Charme

Doch was sitzen Herr Graf hier, was liegt Ihnen daran, was wollen Herr Graf neben einem Mädchen wie mir?

CHARME Wird es mir dennoch gestattet sein, mit Ihnen so etwas in Gestalt eines flüchtigen Flirts à la papillon zu insinuieren? Allerdings, les femmes, das ist wie sauce Belmonto? Besser nicht zu viel. Schwer verdaulich. Ladislaus, wie viele habe ich auf der Liste?

LADISLAUS Herr Graf haben 257, und Herr Baron Firulet 256.

CHARME Na eben! Sodbrennen. Langeweile.

ALBERTINCHEN Oh, oh!

CHARME Fader Nachgeschmack! Kater!

ALBERTINCHEN Oh!

CHARME Übersättigung. Blähungen, Völlegefühl. Statistik und Migräne. Gesetz der großen Zahlen.

ALBERTINCHEN Oh!

CHARME Da wir schon hier sitzen auf der Bank im

Schatten, sehe ich keinen anderen Ausweg, als Sie ins Maxim einzuladen. Wenn ich noch Weiber vertrage, so nur farciert, und zwar farciert mit Menus der besten Restaurants. Mit einer guten Poularde gefüllt, ist eine Frau einfach schmackhafter als gefüllt mit Kartoffeln oder Buchweizengrütze. Ich lade Sie ein ins Maxim. Sagen wir: Austern garniert mit Langusten, Straußeneier à la cocotte, fleur de saumon, Schnepfenfricassé, Krammetvögel...

ALBERTINCHEN Oh!

CHARME Ladislaus, eine Pille! Gedämpftes Licht hinter blutrotem Schirm, berauschende Klänge einer Zigeunerkapelle, und nichts wie ran, alter Junge! Hors d'œuvres und Bacchanten, von Champagner schäumt das Blut, Zigeunergeigen erregen die Nerven, dein Duft erhitzt meine Sinne, ich neige mich über dich, du weichst zurück, ich neige mich. Evoë, Evoë, du weichst zurück, ich neige mich, Evoë, Evoë, du weichst zurück, ha, ich, die Zigeuner, die Austern, ich fange an, dich...

ALBERTINCHEN Oh! Er fängt an, mich auszuziehen!

CHARME Aber nein! Anzuziehen! Einen Muff aus Chinchillaschwänzen von Worth.

ALBERTINCHEN Oh!

CHARME Strümpfchen »Vapeur de Londres«!

ALBERTINCHEN Oh!

CHARME Corsage, pfirsichfarben, mit Rüschen!

ALBERTINCHEN Oh!

CHARME Jupe bombée, crème apricot!

ALBERTINCHEN Oh!

CHARME Ein Barett, panaché de crevettes.

Es wird dunkel, Wind, Gewitter, Donner.

ALBERTINCHEN Graf! Du kleidest mich an, statt mich zu entkleiden!

CHARME Pahdon? Pahdon? Pahdon?

ALBERTINCHEN

Siehst du nicht?
Unter meinem Rock
Bin ich nackt!
Donner

GRUPPE DER HERRSCHAFTEN *erwachend, crescendo, dramatisch*

Die Stühlchen von Lord Blotton
Die Stühlchen von Lord Blotton,
Die Stühlchen von Lord Blotton!...
Sie erstarren in Schweigen.

CHARME *verdutzt* Ein Peignoir mit Spitzen, verbrämt mit einem Pelzchen von frühherbstlichem Silberfuchs, oder ein Déshabillé aus Wildseide mit schottischer Falbel...

ALBERTINCHEN Nackt! Nackt! Ich will nackt sein!

Donner

GRUPPE DER HERRSCHAFTEN *piano, verzweifelt, crescendo*

Die Stühlchen von Lord Blotton,
Die Stühlchen von Lord Blotton,
Die Stühlchen von Lord Blotton!...
Sie erstarren in Schweigen.

DIENER *wild* Huuuuuuuu!

Wind. Albertinchen flieht.

CHARME *verdutzt* Noch nie habe ich eine Frau gesehen, die lieber ausgezogen als angezogen werden möchte!

GRUPPE DER HERRSCHAFTEN *fortissimo, wild*

Die Stühlchen von Lord Blotton,
Die Stühlchen von Lord Blotton,
Die Stühlchen von Lord Blotton!...

Auftritt Firulet mit dem Jäger

FIRULET *Charme mit Gelächter attackierend*

Ha, ha, ha, ha – ha, ha, ha, ha!
Ha, ha, ha, ha, ha, ha, ha, ha!

CHARME *wehrt sich*

Ha, ha, ha, ha – ha, ha, ha, ha!
Ha, ha, ha, ha, ha, ha, ha, ha!

FIRULET Ausgerissen! He? Mein Beileid!
Das ist eine Schlappe, ha, ha! Trois sans atout!

CHARME *konsterniert* Ich verstehe nicht... Verstehe nicht... Verstehe nicht...

Mechanisch gegen Firulet

Ha, ha, ha!

FIRULET Was verstehen Sie nicht, Graf?

Gegen Charme

Ha, ha, ha!

CHARME *gegen Firulet* Ha, ha, ha!... Ich verstehe nicht, hören Sie, Baron, eine sonderbare Sache, ich flirtete und gab zu verstehen, daß ich dies und jenes an Garderobe spendieren würde. Und sie, sie will Nacktheit haben!

FIRULET Nacktheit?

CHARME Nacktheit, c'est tout.

FIRULET Verzeihung, wollen Graf damit sagen, daß statt Peigneoir, Hemdchen, Déshabillés, Dessous... diese da irgendwelche Lenden, Schenkel, Fußfesseln, Schlüsselbeine?... Nichts weiter?

CHARME Nichts! Überhaupt nichts! Nackt... Nacktheit. C'est tout.

Wind

FIRULET *singt*

Oh, welch ein Rauschen in der Natur!

CHARME *singt*

Oh, welch ein Rauschen in der Natur!

CHARME UND FIRULET *exaltiert*

O Rauschen, o Rauschen, o Rauschen!

CHARME *nachdenklich* Nackt!

FIRULET *nachdenklich* Nackt.

CHARME Nackend.

FIRULET Nackend.

CHARME Sonst nichts.

FIRULET Sonst nichts.

CHARME UND FIRULET Und Rauschen, und Rauschen, und Rauschen!

Ladislaus kommt hinter dem Busch mit dem Taschendieb an der Leine hervor.

LADISLAUS Bitte, Euer Gnaden?

CHARME Was denn?

LADISLAUS Und was mit diesem Taugenichts? Ihn loslassen, der Polizei übergeben, oder was?

FIRULET Ein Hund, oder ein Taugenichts? Wo haben Herr Graf das aufgegabelt?

CHARME

Halt, Baron!

Warten Sie!

Allmählich verstehe ich... ah... ah... ah... Sehen Sie, dieses Mädchen schlummerte gerade auf dieser Bank ein. Man setzte den Taschendieb auf sie an mit dem Auftrag, ihr etwas zu klauen ... und dann ich, ich trat dazwischen, ich faßte den Lump, und ich stellte mich vor ... so weit das Szenario! Aber ... Oh, jetzt verstehe ich alles!

FIRULET Was denn? Reden Sie doch!

CHARME *zu sich selber, entsetzt* Sie hat im Schlaf eine Hand unter ihrer Corsage gespürt ... und sie dachte, es sei meine Hand ... Daß ich das sei!

FIRULET Verzeihung? Daß Herr Graf eigenhändig ihr die Hand unter die Corsage gesteckt haben sollte, hier auf einer Bank, unter einem Baum, auf einem Square, und das, ohne vorgestellt worden zu sein?! Aber das ist ja eine wilde Idee?!

GRUPPE DER HERRSCHAFTEN *dramatisch* Die Stühlchen von Lord Blotton!

CHARME Sie dachte, ich wär's gewesen! Ich hätte sie ihr hineingesteckt! Deshalb bekam sie Lust, nackt zu sein. Nackt mit mir! Du großer Gott! *Windstoß, abflauend*

FIRULET Verzeihung, Verzeihung, Nacktheit, Nacktheit mit Ihnen, Herr Graf? Also was, also gleichsam, als ob Herr Graf ohne Spazierstock, ohne Monokel, ohne Chapeau-claque, ohne Hosen und Unterhosen?

CHARME Nacktheit mit mir will sie.

FIRULET *hält sich die Seiten, singt*

Ha, ha, ha, ha – ha, ha, ha, ha!
Ha, ha, ha, ha – ha, ha, ha, ha!

LADISLAUS *singt*

Ho, ho, ho! Ho, ho, ho!

GRUPPE DER HERRSCHAFTEN *singt*

Ha, ha, ha, ha, ha, ha!

GRUPPE DER DIENER *singt*

Ha, ha, ha ...!

CHARME *singt*

Was will er,
Der Flegel?
Warum lacht er,
Der Prahlhans?
Verlieren wir nicht die Distanz, Herr Baron,
Das ist wohl, ich bitte, der ganz falsche Ton!

FIRULET *singt*

Nackend, Graf Charme! Nackend, Graf Charme
Hopsa, juchhei!
Charme als Nackedei!
Nackend, Graf Charme! Nackend, Graf Charme!

Sie defilieren arrogant einer vor dem anderen.

CHARME Full hand in cœur!

FIRULET Schlemm in Karo!

CHARME Paroli in Farbe!

FIRULET Ich verdopple!

CHARME Trois sans atout!

FIRULET Großer Schlemm in Pik!

CHARME Passe!

FIRULET Passe!

Lieber Graf Charme, wenn Sie sich nackt ausziehen, vergessen Sie nicht, mich rufen zu lassen, damit ich bewundern kann, ha, ha, ha, ha, ha, ha!

Geht mit dem Jäger ab

CHARME *gebrochen*

Der Flegel!
Unverschämtheit!

Setzt sich auf den Schirm
Ich habe verspielt...

GRUPPE DER HERRSCHAFTEN *pianissimo, crescendo*
Die Stühlchen von Lord Blotton,
Die Stühlchen von Lord Blotton,
Die Stühlchen von Lord Blotton...

PROFESSOR Kotz...

BANKIER Sodbrennen, Übersäuerung, Übersättigung...

PRINZ Ja, ja, meine Herrschaften, wahre Worte, ich selber fühle in excelsis, und auch meine Frau, etwas wie Übelkeit, Übermaß, Überfressenheit, als wenn... ja, als wenn... zuviel, es gibt zuviel Petit-fours, Crèmes, Jacken, Kuchen, Modistinnen, Coiffüren, Kompotte, Kragen, Desserts, Soufflés, crèmes gratinées, Que-sais-je, Diener, Knöpfe, Equipagen...

PROFESSOR Kotz...

PRINZ Genau! Ich wollte es nicht aussprechen, Professor!

PRINZESSIN Irgendeine Unverdaulichkeit ist in der Luft.

GENERAL Überfülltheit.

BANKIER Übersättigung!

MARQUISE Piti, piti.

Charme geht mit Ladislaus und dem Taschendieb an der Leine hinaus.

PFARRER O je, welche Zeiten! Daß Gott behüte!

PRINZESSIN Die ganze Hoffnung ruht auf unserem Meister! Man muß die Mode erneuern, Meister! Wir brauchen eine neue Herren- und Damenmode!

FIOR *nachdenklich*

Die Herren- und
Die Damen-Mode
Erneuern ...

GRUPPE DER HERRSCHAFTEN

O ja, o ja, o ja!

FIOR

Das ist leicht gesagt!
Leicht gesagt: eine neue Mode erfinden!
Neue Modelle ausdenken! Neue? Doch welche?
Mode ... Die Mode kann nicht gegen die Zeit gehen.
Mode ist die Zeit. Mode ist Geschichte!
Irre ich etwa, wenn ich sage,
Daß Mode Geschichte ist? ...

PRINZ Sie ist Geschichte!

BANKIER Die Mode ist Geschichte!

GENERAL Ja, ist Geschichte!

HUFNAGEL Geschichte!

PRINZESSIN *zum Prinzen* Ist denn Mode Geschichte?

PRINZ Ja, Mode ist Geschichte!

GRUPPE DER HERRSCHAFTEN *die Arme erhebend* Die Mode ... ist ... Geschichte!

Schweigen

FIOR

Geschichte ...
Ich bin Fior! Ich, ein Meister. Ich bin Fior!
Dem Menschen ein neues Aussehen geben! Welches?

Oh, leicht war es einstigen Meistern, zu schaffen!

Aber heute, wie ist es schwierig...

Was wird in fünf, zehn, fünfzehn Jahren sein? Was wird die Zeit bringen? Wie schnell jagt die Zeit dahin...

O Zeit, wie dein Antlitz enthüllen,

Wie deines, o, Zukunft, die du verborgen in unserem

Heute schläfst...

Rußland... England... Überseepolitik... Delcassé... Der Zar... Der Balkan... Sozialismus... Der Kronprinz... Wohin? Wie? In welche Richtung? Zu welchem Ziel? Welches Hosenbein soll ich vorschlagen, wenn ich nicht weiß, ob in zehn Jahren Hosen noch getragen werden? Die Zukunft... Die Zukunft ist ein schwarzes Loch, die Zeit ist ein Rätsel. Die Geschichte hat kein Gesicht.

GRUPPE DER HERRSCHAFTEN Die Geschichte hat kein Gesicht.

PRINZ Meine Damen und Herren, laßt uns denn die Schaffensqual unseres unerforschlichen Schöpfers in excelsis ehren...

FIOR Wie die Zeit dahinjagt! Bitte, nehmen Sie diese Bank. Sie steht anscheinend fest da, und wie jagt sie dahin! Sie jagt und jagt... aber wohin? Wozu? In welche Richtung, zu welchem Ziel? Großer Gott! Alles stürzt, den Tod zwischen den Zähnen.

HUFNAGEL *singt*

Galopp, Galopp, Galopp, Galopp!

Die Sporen gegeben,
Die Peitsche geknallt!
Im Kopf nur Galopp!
Nicht, Trab, nur Galopp!
Ich leb im Galopp.
Galopp ist mein Traum,
Galopp oder Tod,
Mein Gesetz heißt Galopp.
Ich bin der Galopp.

GRUPPE DER HERRSCHAFTEN *erstaunt*
Die Stühlchen von Lord Blotton...

PRINZ *etwas verblüfft* Na bitte! Zum Beispiel!... Wenn man vom Wolf spricht...

PRINZESSIN Unser teurer Graf bringt in unser pessimistisches Gespräch eine Note von wahrhaft sportlichem Optimismus! Merci! Merci!

HUFNAGEL Ich bin nicht gewohnt, aus dem Sattel zu fallen. Nein, ich bin nicht gewohnt, aus dem Sattel zu fallen. Galopp ist meine Spezialität! Erlauben Sie, Meister, daß ich Ihre Unruhe nicht teile. Diese Bank? Jagt? Galoppiert? Ungewiß, wohin? Nun, und was? Ich besteige sie, jage, galoppiere! Geschichte? Sie jagt? Galoppiert? Nun, und was? Ich schwinge mich auf sie, jage, galoppiere! Ich bin nicht gewohnt, aus dem Sattel zu fallen!

PROFESSOR Koootz...

PRINZESSIN *zum Professor* Bitte nicht stören!

HUFNAGEL Bloß kräftig mit den Knien und den Schenkeln, die Zügel lockern und dann die Peitsche! Dabei kommt mir sogar eine Idee, Meister, für die Modenschau...

PRINZ O, wenn unser Graf eine Idee haben, bitte sprechen Sie, denn wir haben seit langer Zeit keine ... was wollte ich sagen?

FIOR *zu sich selbst*

Eine Idee –
Was für eine Idee?
Dunkel, Finsternis

HUFNAGEL Wenn der Gaul zu sehr durchgeht, dann am besten nachlassen, soll er laufen, wohin er will, nur nicht vom Sattel fallen ... Ich würde also vorschlagen:

Während er ständig Galopp simuliert.

Geben wir cinen Ball
Für die Revue von Fior,
Einen Ball im Kostüm
Nach dem Bild unsrer Zeit,
Denn maskiert geht auch sie!

GRUPPE DER HERRSCHAFTEN *galoppierend*

Und was?
Und was?
Und was?

HUFNAGEL

Einen Ball im Kostüm,
Einen Ball aller Zeiten
Im Saal und im Park –
Ein Zug fremder Masken
Im Kleid alter Tage,
Gefaßt in ein Bild.

GRUPPE DER HERRSCHAFTEN *galoppierend*

Und was?
Und was?
Und was?

HUFNAGEL

Manche Gäste des Festes
In Säcken versteckt,
Nur der Kopf schaut heraus,
Durch die Masken verborgen –
Ein freier Kopf,
Doch maskierter Kopf:
Und die Mode der Zukunft
Wie die Katze im Sack.

GRUPPE DER HERRSCHAFTEN *galoppierend*

Und was?
Und was?
Und was?

HUFNAGEL Auf ein Zeichen des Meisters fallen die Säcke. Und erscheinen wird die Mode der Zukunft, das, was jeder sich ausgedacht hat. Klar? Wozu soll der Meister selber sich den Kopf über die zukünftige Mode zerbrechen? Ist es denn nicht besser, zuvor sozusagen die Ansichten zu sondieren? Zu erfahren, woher der Wind weht? Wie die neuen Knöpfe sind, die neuen Trends, die neuen Idole? Wir werden zur Teilnahme am Wettbewerb zur neuen Mode bitten. Möge jeder sich eine entsprechende Kleidung ausdenken und sie in einem Sack verstecken. Wenn dann die Säcke fallen, und die Entwürfe sich präsentieren, wird der Meister die Preise verleihen und, inspiriert durch das Angebot, kreiert er die endgültige Linie der Herren- und Damenmode von Morgen. Etwa nicht?

Los also! In den Sattel! Zum Galopp!
Galopp, Galopp!

Die Sporen gegeben,
Die Peitsche geknallt,
Im Galopp, im Galopp!

PRINZ He, nicht so schnell!

HUFNAGEL Mit allen Teufeln!
Rasen und Duchgehen!
Ich bleibe im Sattel!

GRUPPE DER HERRSCHAFTEN *galoppierend*
Rasen und durchgehen!
Ich bleibe im Sattel!

PROFESSOR *unverhofft* Kotz!

PRINZESSIN Wie bitte?

PROFESSOR Kotz!

PRINZ Wie meinen?

PROFESSOR Kotz!

BANKIER Sie sagten?

PROFESSOR Kotz!

FIOR *nachdenklich* Säcke...
Diese Idee ist vielleicht nicht allzu... aber...
Ja... ja...

HUFNAGEL *galoppierend*
Auf zum Galopp!

PRINZ *galoppierend*
Zum Galopp!

PRINZESSIN *galoppierend*
Zum Galopp!

BANKIER *galoppierend*
Die Peitsche geknallt!

GENERAL *galoppierend*
Die Sporen gegeben!

HUFNAGEL *galoppierend*
Im Galopp, im Galopp!

PFARRER *galoppierend*

O ja, im Galopp!

GRUPPE DER HERRSCHAFTEN *schreiend, galoppierend*

Die Stühlchen von Lord Blotton!

PRINZESSIN *liebenswürdig* Bitte rauf zum Schloß!

PROFESSOR *abseits* Kotz, kotz, kotz!

Die Herrschaften gehen ab und lassen die Gruppe der knienden Diener zurück. Fior zögert, ist nicht mit abgegangen, betrachtet die Bank.

FIOR

Galopp ... ja, ja ... Galopp ...
Ein Pferd zu treiben, nichts leichter als das,
Ich kenn' einen schlimmern Galopp:
Unfähig, innezuhalten,
Erstarrt in der Bewegung,
Bis zum sinnlosen Sturz!

Berührt die Bank

Wohin eilst du, Bank?
Wohin drängst du wie rasend? Zu was?
Wohin?
O, alles, alles, alles, Bäume und Steine,
Häuser und Kirche, die Erde, der Himmel, alles
Wie ein Pferd im Galopp, den Tod zwischen den Zähnen!

Nein, ich rühre mich nicht, ich werde mich nicht rühren!
Auf der Stelle will ich zu Stein werden,
Um dieses Rasen zu hemmen! ...

Steht bewegungslos da

Wenn doch das Rasen aufhören könnte!

Pathetisch, die Arme erhoben
Umsonst! Umsonst!
Auch ich jage ja dahin! Galoppiere! Rase!
Ein Pferd im Galopp!
Donner. Fior ab

DIENER *wütend*
Metzeln!
Würgen!
Morden!
Zerschlagen!
Ausrotten!
Schlachten!
Sie verfallen in Galopp.
Und Galopp, Galopp!
Und Galopp und Galopp!

Zweiter Akt

Vestibül des Schlosses Himalaj, links der Eingang zum Ballsaal, im Hintergrund eine Estrade für die Modenschau. Der Prinz und die Prinzessin begrüßen die eintretenden Gäste. Diener

GÄSTE *eintretend, sie singen*

Ach, ach, ach, ach, was für ein Ball, dieser Ball!
Ach, ach, ach, ach, das ist mal ein Ball!

PRINZENPAAR *singt gemeinsam*

Ach, ach, ach, ach, willkommen, willkommen!
Ach, ach, ach, ach, wir haben die Ehre!

Auftritt Charme im Jagd-Dreß, ihm folgt Albertinchen in einem Mantel. Er hat den Taschendieb an der Leine, der auf allen Vieren Sprünge macht und wittert; Charme ist beladen mit Kartons der Couture.

PRINZ *zu den Dienern*

He, dort, die Fenster!
Herbst ist, eh! Herbst!

PRINZESSIN Schrecklich, wie es zieht!

PRINZ Das ist Chahme, mein Ehrenwort.

CHARME Nicht schwer zu raten. Wie geht es dir, Mama? Und wie dir, Vater? Viele Gäste?

PRINZESSIN Reichlich in excelsis. Wie geht es dir, Chahme, sollst wieder tüchtig verloren haben, doch bitte, was ist das für ein Individuum an der Leine, ich hoffe, kein Hund. Ich müßte mir entschieden verbitten, Hunde auf meine Bälle zu bringen.

CHARME Ein Hund nur, wenn man so will... Alles ist relativ. Eine Art Dienstbote, wild, in primärem Zustand, und ich halte ihn an der Leine, weil das sicherer ist, er könnte etwas klauen. Gestatte, Mama, gestatte, Papa, das ist Mademoiselle Alberthe Kruzek, die Tochter des Krämers vom Marktplatz...

PRINZ Mes hommages! *Beiseite* Doch verstehe ich nicht sehr, in welcher Eigenschaft du diese Krämerstochter mitbringst. Es sei denn, wie ich vermute, als Kokotte...

PRINZESSIN Ich bitte mir aus!

CHARME Gleich macht ihr Szenen! Gewiß, ich bestreite nicht, saperlotte à la crême, ich habe ihr dies Hütchen spendiert, und da Firulet mich immer nachahmen muß, hat er ihr diese Pantöffelchen spendiert, und überhaupt spendierten wir ihr dies und jenes an Garderobe. Aber noch nimmt sie keinen Schmuck an, geschweige denn Schecks, also ist sie keine Kokotte. Die ganze Sache ist die, daß sie ein Mannequin ist, ich habe sie Fior zur Modenschau vorgeschlagen. Fior braucht ein Mannequin. Und sie hat eine gute Figur. Bei der Gelegenheit wird sie das Schloß sehen... sich gewöhnen... Sodbrennen. Ladislaus, eine Spritze!

Ladislaus verpaßt ihm eine Spritze.

PRINZESSIN Bitte, hü, hü, hü, bitte, wenn diese Kokotte ein Mannequin ist, so kann sie als Mannequin eine Kokotte sein, hü, hü, bitte, bitte in excelsis, hö, hö!

PRINZ Hö, hö, hö! *Beiseite zu Albertinchen* Hübsch!

PRINZESSIN Schweig!

Auftreten Bankier und General in Säcken, aus denen nur die Köpfe hervorschauen. Sie tragen Masken.

Die Prinzessin singt

Welch hübsche Masken!

PRINZ *singt*

In diesen Säcken
Verbirgt sich das Geheimnis der Zukunft!

PRINZENPAAR *singt gemeinsam*

Ach, ach, ach, ach, was für ein Ball, dieser Ball!
Ach, ach, ach, ach, willkommen, willkommen!

BANKIER *hüpfend* Gniam hau tu kupotu lu!

GENERAL *hüpfend* Mniutubabunemmuuuu...

BANKIER *hüpfend* Buuuu! Plap!

PRINZESSIN Jesus!

PRINZ Du meine Königin, das ist, um das Inkognito zu verstärken! Ha, Ha!

PRINZESSIN Aaaaah...

GENERAL Plup.

BANKIER Plap.

PRINZENPAAR *höflich* Plup plap plup plap plup plap!

PRINZESSIN *entsetzt* Aah!

PRINZENPAAR *singt gemeinsam*

Ach, ach, ach, ach, was für ein Ball, dieser Ball!

Ach, ach, ach, ach, das ist mal ein Ball!

CHARME *zu Albertinchen* Nur ohne Lampenfieber, bitte, tun Sie, als wären Sie zu Hause, bitte, bitte hier. *Führt sie zur Estrade* Ein spezielles Podium für das Mannequin, bitte. *Stellt sie auf dem Podium zurecht* Sofort wird Meister Fioh kommen. Truffes à la crême! *Zum Taschendieb* Tsss...

LADISLAUS Er ist sehr scharf, Euer Gnaden.

Albertinchen nimmt mit Hilfe von Charme den Mantel ab. Prachtvolle Toilette, üppige Coiffüre, Boa, Handschuhe, Kollier, Schirm, Hut in der Hand, Muff etc.... Mit all dem überladen, kann sie sich kaum bewegen.

ALLE Oooooh!

CHARME *etwas geniert* Denn, verstehst du, Mama – ich das Kollier, Firulet die Boa, ich die Handschuhe, Firulet den Schirm... *Zu dem Taschendieb* Tsss...

LADISLAUS Er ist sehr scharf, Euer Gnaden.

PRINZENPAAR *zu den neu eintretenden Personen im Hintergrund* Willkommen, ach, willkommen!

Auftritt die Marquise im Sack, maskiert.

PRINZESSIN Eeh?

MARQUISE *ungeschickt hüpfend* Glugluglugluglu.

PRINZ Eeh?

MARQUISE Glugluglugluglu!

PRINZESSIN Eeh?

PRINZ U?

MARQUISE Gluglugluglugluglugluglu!

PRINZESSIN *zum Prinzen* Aber, Maurice, bitte, aber das ist ja unmöglich, versuche dich irgendwie zu verständigen! Rede mit ihnen.

PRINZ Reden? *Vorsichtig* Gua, gua?

MARQUISE Gluglugut!

BANKIER Plut plat!

GENERAL Plat plut!

PRINZ Plot plit. *Zur Prinzessin* Man unterhält sich durchaus frei, nur weiß man nicht, was man sagt.

Die Marquise tut einen schrecklichen Sprung zur Seite.

PRINZESSIN Was ist da gesprungen?

GENERAL UND BANKIER *wahnsinnig* Plaplaplaplaplauuuuuuuu!

PRINZENPAAR

Aha, ach, ach, ach, ach, was für ein Ball, dieser Ball!
Ach, ach, ach, ach, das ist mal ein Ball!
Die Stühlchen von Lord Blotton!

Sie grüßen die Neuankömmlinge.

Willkommen, willkommen!

Auftritt Firulet, wie Charme im Jagd-Dreß, und führt an einer Leine ebenso einen Taschendieb wie Charme.

CHARME *sieht dies* O, pfui! Welch eine Frechheit!

FIRULET Trois sans atout!

CHARME Full hand in cœur!

FIRULET Kleiner Schlemm in atout!

CHARME Ich verdopple!

FIRULET Paroli!

CHARME Passe!

FIRULET Passe!

Sie stolzieren voreinander hin und her, jeder mit seinem Taschendieb. Die Taschendiebe benehmen sich währenddessen wie witternde Hunde, zerren an der Leine, fletschen die Zähne, erregt durch den Ball.

CHARME Saperlotte à la crême, das ist zu viel! Ich spendiere ihr einen Hut, Sie, Baron, eine Boa, ich Handschuhe, Sie Pantöffelchen, ich komme im Jagd-Dreß mit einem wilden Taschendieb an der Leine, Sie, Baron, kommen im Jagd-Dreß mit einem wilden Taschendieb an der Leine! ... Was für ein Plagiat!

FIRULET Ich verdopple. Doppelt gegen doppelt! Und was haben Herr Graf denn gedacht? Daß Herr Graf ein Monopol auf Taschendiebe haben? Mir ist es auch erlaubt! Herr Graf haben den Ihren *Leiser, wie verschämt* und ich den meinen ...

CHARME *leiser* Was für eine Frechheit ...

ALBERTINCHEN *unvermutet* Mhhmh ...mh ...

PRINZESSIN Und das? Was ist das?

ALBERTINCHEN Mh ... *Schläft im Stehen ein*

PRINZ Man sagt, sie schläft immer ein ...

Ein herbstlicher Wind heult, die Fenster schlagen, das Licht flackert.

Das ist ja ein Wetter, nein, was ist das für ein Wetter!

CHARME *leiser* Es passiert ihr zuweilen einzuschlafen ...

ALBERTINCHEN *im Schlaf* Schwer ist es ... O schwer ...

FIRULET *leiser, zu Charme* Schläft sie oft ein?

CHARME *in Qualen, zu Firulet* Seit dieser Taschendieb ihr die Hand in die Corsage gesteckt hat, als sie schlief, schläft sie fortwährend ein.

ALBERTINCHEN *im Schlaf* Schwer...

FIRULET Weil sie Lust hat, daß er ihr wieder die Hand hineinsteckt... in die Corsage, oder woandershin...

Zu seinem Taschendieb

Tsss...

CHARME *zu seinem Taschendieb* Tsss... Kusch! *Zu Firulet* Daß er ihr hineinsteckt? Das heißt, daß ich ihr hineinstecke! Ich! *Schamhaft* Sie denkt immer, es ist meine Hand, die ich ihr...

FIRULET *heftig* Stecken Sie sie rein, Graf!

CHARME Für wen halten Sie mich denn?!

FIRULET Stecken Sie sie rein!

Stille

ALBERTINCHEN *im Schlaf* Nackt... ganz nackt...

FIRULET Was hat sie gesagt?

CHARME Ganz nackt...

FIRULET Ganz nackt?

CHARME Ganz nackt!

FIRULET Nackt? Ganz nackt! Nackt sein will sie?

CHARME Nackt sein... ja... mit mir...

FIRULET Ziehen Sie sich aus, Graf!

Wenn das ihr Verlangen ist, dann los! Ziehen Sie sich aus!

CHARME Sie sind wahnsinnig geworden!

FIRULET Sie will Sie ganz nackt? Na, dann ziehen Sie sich aus!

CHARME Mich ausziehen?

FIRULET Ha, ha, ha!

CHARME *wütend* Und dann, Baron? Und dann?

FIRULET Ha, ha, ha, der Graf ganz nackt!

CHARME Es reicht, Baron!

FIRULET Der Graf nackend, ha, ha, ha!

CHARME Der Baron nackend, ha, ha, ha!

FIRULET Der Graf ohne Hosen, ha, ha, ha!

CHARME Der Baron ohne Hosen, ha, ha, ha!

FIRULET Ich verdopple!

CHARME Doppelt auf doppelt!

FIRULET Ich passe!

CHARME Ich passe!

Schweigen

ALBERTINCHEN *im Schlaf* Naaaackt...

CHARME UND FIRULET Schon wieder!

FIRULET Oh, was für eine Qual!

CHARME *fieberhaft* ... sie denkt, daß ich ihr hineingesteckt habe, daß ich ihr die Hand hineingesteckt habe...

FIRULET

Ich passe!
Nicht der Graf ist es gewesen! Es war dieser Gassenjunge.
Dieser Schlingel, Taugenichts und Taschendieb!
Er war es, der ihr die Hand irgendwo hineingesteckt hat!
Haut an Haut,
Seine Nacktheit ist tausendmal besser als deine, Graf!

CHARME

Mit Verlaub! Was soll das, Baron, was soll das?!

Baron vergleichen mich mit ihm, mit diesem Lumpen?

FIRULET

Jawohl, ich vergleiche, ha, ha, ha!

CHARME

So vergleiche lieber
Deine eigenen, vom Alter ranzigen, Glieder
Mit der Nacktheit deines Hundes,
Der dich bei weitem übertrifft!

FIRULET

Geben Sie acht, Graf,
Daß ich auf dich nicht meinen Hund hetze!
Das wird schlecht enden!

CHARME

Meiner ist schärfer! *Zum Taschendieb* Faß!

FIRULET

Faß! Faß!

Die Taschendiebe springen einander knurrend an.

MARQUISE, GENERAL, BANKIER *gellend* Tanlatubula-giuuuuuuuuuuuuu!

FIRULET *schrecklich* Ich werde dir die Fresse in die Fresse auf die Fresse!

CHARME *schrecklich* Ich dir die Fresse auf die Fresse in die Fresse!

Sie gehen mit den Taschendieben ab. Es wird dunkel ... und es entsteht so etwas wie ein trübseliges, hoffnungsloses Morgengrauen. Im Hintergrund erscheinen zwei Herren in Zylinderhüten, steif und schwarz: die Sekundanten.

Charme und Firulet treten von beiden Seiten auf –

in weiten, schwarzen Mänteln, mit Zylinderhüten, Pistolen und mit der linken Hand ihre Taschendiebe an der Leine führend. Verbeugungen

Die Sekundanten *rufen:* Feuer!

Charme und Firulet schießen. Sie verfehlen sich. Sie wechseln die Plätze, im Vorbeigehen verneigen sie sich voreinander.

Die Sekundanten *rufen:* Feuer!

Sie schießen. Sie verfehlen sich. Niedergeschlagenheit

CHARME Ich passe!

FIRULET Ich passe!

Große Trübseligkeit. Sie gehen mit den Sekundanten und den Taschendieben ab.

Licht

PRINZ UND PRINZESSIN *erwachen*

Die Stühlchen von Lord Blotton.
Die Stühlchen von Lord Blotton.

ALLE *singen*

Oh, oh, oh, oh, oh, was für ein Ball, dieser Ball!
Och, och, och, och, och, das ist mal ein Ball!

MARQUISE, BANKIER, GENERAL *singen*

Giaugiautuuiuuuuuuaaaa!

PRINZESSIN *singt*

Maurice, mein Freund, das ist merkwürdig
Es packt mich die Neugier
Was mag in diesen Säcken sein?
Wie, wenn ich hineinschaute?

PRINZ *singt*

Nein, besser nicht
Rühren wir nicht daran!

Diskretion, bitte, Sicherheit!

Pfarrer tritt in der Soutane auf.

PRINZESSIN *entsetzt* O je, was ist das wieder, was ist das für eine schwarze Gestalt, Maurice?

PRINZ Aber das ist ja unser teurer Pfarrer von unserem teuren Herrgott!

PFARRER Mit Gott!

PRINZENPAAR Mit Gott! Mit Gott!

MARQUISE Giau!

PRINZESSIN Ajaj, jemand hat irgendwo gebissen... etwas hat gebissen...

PRINZ Sei ruhig, Fernanda!

ALLE *singen*

Ach, ach, ach, ach, ach, was für ein Ball, dieser Ball!
Ach, ach, ach, ach, ach, das ist mal ein Ball!

PFARRER *singt*

Et fiat voluntas tua!

Professor und Hufnagel treten in Säcken mit Masken auf.

PROFESSOR *singt*

Uuuuuuuuuu!

HUFNAGEL *singt*

Rrrrrrrrrrr!

PRINZESSIN *singt* Willkommen, uuuuuuuuuu, willkommen rrrrrrrrrr,
Hosianna in excelsis uuuuuuuuuu rrrrrrrrrr willkommen!

PRINZ Sei ruhig, Fernanda!

MARQUISE *unverhofft* Giau!

Stille.

Die Fenster schlagen, weit entfernt hört man Wind.

PRINZESSIN *verdattert* Es ist irgendwie langweilig...

Stille

ALBERTINCHEN *im Schlaf* Nackt... Nackt... Nackt...

PRINZESSIN Und sie, was hat sie, was will sie, Maurice, was hat sie, was will sie?! Das hat noch gefehlt, daß alle einschlafen!

Auftritt Fior im Frack, mit einer Orchidee im Knopfloch

ALLE

Oh, oh, oh, oh, Fior, o Fior, o Fior!

FIOR

Ja, ich bin es, Fior...

ALLE *plötzlich animiert, singen*

Oh, oh, oh, was für ein Ball, dieser Ball!
Oh, oh, oh, oh, das ist mal ein Ball!

FIOR *singt*

Och, och, och, was für ein Ball, dieser Ball!
Oh, oh, oh, oh, dieser Ball!

ALLE *singen*

O Fior, o Fior, o Fior, o Fior!

FIOR *deklamiert*

Geheimnisvolle Nacht um entkleidete Formen –
Undurchdringliche Wildnis aus drapiertem Stoff –
Sieh da, den Marmor, aus dem der Meister
Lebendige Schöpfung herausschlägt.

ALLE

O Meister, o Meister, o Meister, o Meister!

FIOR

Geheimnisvolle Träume,
Hinter Masken entschlummert,
Ziehen am Meister vorbei,
Enthüllen dem Schöpfer
Die Mode der Zukunft.

ALLE

O Meister, o Meister, o Meister, o Meister!

FIOR Ah, ich sehe, mein Mannequin ist schon auf dem Laufsteg! Ausgezeichnet! Nur, daß sie aussieht, parole d'honneur, als hätte sie schon mindestens ein Dutzend Boutiquen hinter sich ... Ich werde hier Platz nehmen zusammen mit dem Prinzenpaar als Jury, hier werden die Modelle vorbeidefilieren, wenn sie ihre Säcke abgeworfen haben ... ja ... hier brauche ich einen Stuhl, bitte ... Gut ... Aber was ist da los? Was geht da vor sich?

ALBERTINCHEN *im Schlaf* Nackt ... nackt ...

FIOR He?

ALBERTINCHEN Nackt ..., Nacktheit ...

PRINZ Sie spricht im Traum, denn gestern war sie mit Chahme zum Souper sauce longuedoc, crème soubise, und irgendwas träumt ihr da ...

PRINZESSIN Sie träumt und träumt, doch könnte sie von etwas anderem träumen. Ganz nackt! Nacktheit! Was für eine Nacktheit, bitte schön? Nacktheit, meine Herrschaften, ist demagogisch, ist geradezu sozialistisch. *Lauter* Denn was wäre, wenn die Plebs entdeckte, daß unser Arsch nicht anders als ihrer ist?!

FIOR He?

PRINZ *heiser* In der Tat, Fernanda hat gewissermaßen recht, was wäre denn, wenn man erfahren würde, daß unser Arsch sich nicht sehr unterscheidet . . .

PRINZESSIN *heiser* Der Arsch, unterstreiche ich, eben der Arsch! Denn, wenn es um die Hände geht, um die Füße, die Extremitäten überhaupt, oder die Gesichter, so ist die Rasse deutlicher sichtbar. Aber der Arsch! *Zum Diener* Johann, putz mir die Schuhe!

PRINZ *heiser* Allerdings finden sich auch in unseren Kreisen manchmal Visagen, die mehr nach Arsch aussehen. *Zum Diener* Auch meine putzen! Voller Staub . . .

PRINZESSIN *heiser* Mehr nach Arsch, Maurice hat recht. Bitte, auch der Meister hat staubige Schuhe. *Zum Diener* Bürsten!

Die Diener putzen den Herrschaften die Schuhe.

PRINZ Stellen Sie sich vor, Meister, ich habe einen Vetter, der in der Nase bohrt. Nun ist es eine interessante Sache: wenn jemand weiß, daß dies der Herzog de Concombre de la Cuille de Godelaise ist, so, allerdings, ist sein In-der-Nase-Bohren ein fürstliches Bohren, und alles ist in Ordnung.

PRINZESSIN Wenn man das aber nicht weiß, so ist es eine ordinäre Sache.

PRINZ Ja, eben! Was mich zu der Annahme veranlaßt, daß die Aristokratie keine besonderen Merkmale hat, welche sie von der Plebs unterscheiden, außer einem, dafür aber entscheidenden – nämlich dem, daß sie die Aristokratie ist. Was ist denn, liebe Freunde, die Aristokratie? Die Aristokratie, das ist die Aristokratie, nichts weiter. Aristokratie ist Aristokratie. Bitte zu bemerken, zum Beispiel, daß ich gar nicht besser bin als meine Diener, und sogar, que sais-je, vielleicht schlechter bin, denn – das ist ja ein offenes Geheimnis – ich bin ein geistig beschränkter Ignorant, Faulpelz, Tölpel, übrigens ein langweiliger, fader Kerl und Kretin, ein Freßsack, Gourmet und Esel. Und meine Frau ist – tout le monde le sait – eine vollkommene Eselin. Aber ich bin immerhin Prinz Himalaj, also ist meine Kretinität, wie es auch sei, eine Kretinität wessen? Des Prinzen Himalaj. Und die Kretinität irgendeines, sagen wir Herrn Piefke, bleibt die Kretinität Herrn Piefkes tout court ... dafür gibt es keinen Rat ... und darin ist der ganze Unterschied!

PRINZESSIN Goldene Worte, Maurice! Goldene Worte! Aber wir sollten doch in den Tanzsaal, bitte, bitte!

PRINZ Ja, in den Tanzsaal! Hosianna in excelsis!

Prinz und Prinzessin, Fior, Herrschaften und Sackträger ab, außer Professor und Hufnagel. Hufnagel hält den Dienern seine Schuhe zum Putzen hin.

PROFESSOR K-k-kotz ...

HUFNAGEL Fußtritt.

PROFESSOR K-k-koootz.

HUFNAGEL Fußtritt ...

Stille

PROFESSOR Gehen wir in den Saal. K-k-k-ooooo ...

HUFNAGEL Moment. Zuerst die Lackschuhe. Halten Sie mal Ihren Fuß her. *Zu den Dienern* So, daß sie glänzen!

DIENER Wienern!

PROFESSOR Wozu dieses Wienern! *Geheimnisvoll* Was beabsichtigen »Herr Graf«? Welche Pläne haben »Herr Graf« eigentlich? Josef! Ich arbeite mit Josef zusammen, ich habe Josef in das Schloß eingeführt, ich habe Josef als einen berühmten Pferdejockel vorgestellt, als den Grafen Hufnagel ... aber Vorsicht! Vorsichtig, um Gottes willen, das heißt, ohne Gott!

HUFNAGEL Fußtritt.

PROFESSOR Fußtritt, Fußtritt, aber ich muß etwas wissen, denn falls nicht, so ko ..., kooo, koooo, kooootze ich Josef, mich, das Schloß, die ganze Gegend mitsamt der Erdkugel und der Milchstraße aus, mit der ganzen Größe der Himmel in meinem kosmischen, metaphysisch-physischen und phänomenologischen Erbrechen ...

HUFNAGEL Fußtritt.

Gibt ihm einen Fußtritt in den Hintern

PROFESSOR Oh, schon ist mir besser! Danke!

Vertraulich

Aber passen Sie auf, Josef, daß man Sie nicht erkennt.

HUFNAGEL *zu den Dienern* Wienern!

DIENER Putzen!

HUFNAGEL Putzen!

DIENER Wienern!

HUFNAGEL *horcht auf die Musik aus dem benachbarten Saal*

Wie dieser Walzer einen verträumt macht, hei, hei!

PROFESSOR Gehen wir! Genug davon!

1. DIENER He! Verzieh dich! Kümmer dich um deinen eigenen Kram!

2. DIENER Red nicht, red nicht, was soll das Gequatsche?

3. DIENER Wessen Fuß ist das?

1. DIENER Der ist von diesem Neuen, von diesem Grafen, der auf dem Pferd galoppiert.

2. DIENER Du sprichst von einem Pferdefuß ... Das ist der Fuß eines Grafen! Sieh doch! ... Groß wie ein Teller. Das ist ein Fuß wie von uns ...

3. DIENER So etwa wie ein großer Tennisschläger. Wie von uns, genau!

4. DIENER Putz und red keinen Scheiß!

HUFNAGEL *zum Professor, um den Schein vor den Dienern zu wahren* Wie viele Stühlchen besitzt zur Zeit Lord Blotton?

PROFESSOR Der Lord besitzt, wenn ich nicht irre, im Augenblick vierzehn Stühlchen.

2. DIENER He, guck mal, wie der Fuß sich dreht!

1. DIENER Er dreht sich?

2. DIENER Als ob er mir ein Zeichen gibt. Guck mal!

3. DIENER Aber ja, er bewegt sich ... wie ein Fuß oder was?

DIENER Scheiße! Aber was will er, dieser Fuß?

PROFESSOR Aber da er zwei Stühlchen Lady Astley geschenkt hat, würde der Lord doch nur noch zwölf Stühlchen besitzen, ko-o-oo ...

HUFNAGEL Nicht mehr als zwölf Stühlchen bleiben demnach unserem teuren Lord Blotton?

PROFESSOR ... oootz!

2. DIENER He, Jungens! Nun sehe ich! Das ist ja der Fuß von Josef! Das ist ja der Josef!

1. DIENER Josef?

DIENER Josef! Das ist unser Josef!

HUFNAGEL Und ich dachte, der Lord habe mindestens sechzehn Stühlchen.

PROFESSOR Er würde sechzehn haben, wenn nicht zwei dem Marquis Peet geschenkt worden wären, und zwei, wie ich sagte, der Lady Astley. Und ich ko... ich ko... kooo... nach rechts. Kooo... nach links. Kotze und kotze. Kotz. Mir ist übel. Langweilig. Kotzen. Kotz. Kotz. Der Breite und der Länge nach. In die Tiefe und Schräge. Kotz. Kotz. Was für eine Langeweile, wie das langweilt, übel macht, ich werfe ab, werfe aus, übergebe mich, kotzen, kotzen, absolutes, radikales, universales, kosmisches, physisches, metaphysisches, allmächtiges, allumfassendes Kotzen, Kotzen, Kotzen, Kotzen!

HUFNAGEL Fußtritt! Fußtritt! Fußtritt! Gleich, ich mache nur den Fuß frei. *Zu den Dienern* Fort!
Die Diener gehen ab, Hufnagel gibt dem Professor Fußtritte.
Schon besser!

PROFESSOR Och! Gott vergelt's! Das heißt, vergelt's, aber nicht Gott. Einen Gott gibt es nicht. Es ist eine Situation. Ich bin in einer Situation. Muß wählen. Ich wähle die Revolution. Schon ist mir besser. Revolution!

HUFNAGEL

Ja, Revolution!
Revolution des Proletariats!

Sie nehmen ihre Masken ab.

PROFESSOR Revolution, einverstanden, doch verraten Sie sich nicht, Josef. Ich bin verantwortlich. Ich habe Sie, Josef, hier eingeführt.

HUFNAGEL Haben Sie einen Bammel, Professor? Das würde nur beweisen, daß Sie kein Vertrauen haben zu einer revolutionären Aktion. Das Vertrauen zu der revolutionären Aktion ist eine unwiderrufliche Bedingung für den Erfolg dieser revolutionären Aktion. Die revolutionäre Aktion ist in drei Etappen eingeteilt und entwickelt sich dem Plan entsprechend. Erste Etappe: Durchdringen in das Zentrum der Aristokratie und der Bourgeoisie. Das ist bereits erledigt.

PROFESSOR Erledigt, erledigt, doch wenn zutage käme, daß Josef, einstiger Kammerdiener des Prinzen, aus dem Dienst entlassen wegen Widersetzlichkeit vor sechs Jahren... und dann noch fünf Jahre Gefängnis wegen politischer Agitation...

HUFNAGEL Angst?

PROFESSOR Ja, immer...

HUFNAGEL Ich erinnere an den Paragraphen Nummer 137 B unserer Revolutions-Theorie.

DER PROFESSOR 137 B? Gewiß. Ja, natürlich. Gemäß diesem Paragraphen ist mein Bewußtsein das Bewußtsein eines Bourgeois, das heißt, das Bewußtsein eines Ausbeuters, der völlig entwurzelt ist, und zwar so, daß alles, was ich fühle und denke, auch wieder entwurzelt ist, pervertiert, falsch und unnatürlich! ... Daraus erklärt sich, daß meine gegenwärtige Unruhe auch pervertiert und korrupt ist, so daß ich sie wegwerfen und beseitigen müßte... Kooo... kooo... Kotz! Kotz!

HUFNAGEL Fußtritt! *Er gibt ihm einen Fußtritt.*
DER PROFESSOR Danke! Mir geht es besser!
Danke! *Er reibt sich den Hintern.*
Oh, wie ich mich hasse!
HUFNAGEL *düster* Du haßt dich, Bourgeois?
DER PROFESSOR
Ich hasse mich. Aber diesen Haß hasse ich ebenfalls,
Denn es ist ein Haß auf mich!
Ich bin es, der haßt, mich, den Bourgeois!
Pathologisches Geschöpf eines Systems in Agonie,
Ich, bösartige Wucherung, unheilvolles Geschwür,
Zerfressen von Klassenschuld bis ins Mark!
Ich hasse mich, ja! Aber dieser Haß
Gehört zu mir, entwurzelt wie ich.
Also hasse ich mich in meinem Haß und ich hasse
Immer von neuem
Den Haß, der meinen eigenen Haß haßt,
Und kotze, kotze
Und ich erbreche, erbreche, erbreche
HUFNAGEL Verrottetes Aas!
DER PROFESSOR Wenn ich nur ... wenn ich ... wenn ich mich ausspeien könnte ...
HUFNAGEL
Tröste dich, Wurm, man wird dich zermalmen.
Die Revolution wird dich liquidieren.
PROFESSOR Ich weiß. Danke. O ja!
HUFNAGEL Die revolutionäre Aktion ist im Gange.
Die erste Etappe, wie ich schon sagte, ist das

Durchdringen ins Zentrum der Bourgeoisie selber. Das ist erledigt. Zweite Etappe: Kontaktnehmen mit der ausgebeuteten Schicht. Dies ist im Gange. *Leiser* Sie haben meinen Fuß erkannt! Sie wissen, daß ich einer von ihnen bin! Dritte Etappe: Aktivierung aller zersetzenden Elemente mit dem Ziel, den gesellschaftlichen Umsturz herbeizuführen. Dies ist im Gange. Man muß zugeben, daß ich keine schlechte Idee hatte mit diesen Säcken! Säcke schaffen eine Stimmung von Verschwörung und Anarchie, sie werden es uns erleichtern, die verborgenen Gifte der gegenwärtigen strukturellen Phase des historischen Prozesses frei zu setzen. Sie werden sehen!

PROFESSOR Kotz.

Hufnagel gibt ihm einen Fußtritt.

O, danke!

HUFNAGEL Die Intellektuellen teilen sich in zwei Kategorien: in solche, die keinen Tritt in den Hintern bekommen haben, und in solche, die einen Tritt in den Hintern bekommen haben. Diese letzteren sind vernünftiger.

PROFESSOR Offen gesagt, Ihre Aktion kommt mir sinnlos vor, idiotisch, verantwortungslos, und was Sie betrifft, Josef, halte ich Sie für ein borniertes und krankes Geschöpf, primitiv und unwissend, alles in allem für einen Flegel... Also, wie Sie sehen, Josef, fehlt es mir nicht an Gründen, mich von diesen idiotischen Unternehmungen fernzuhalten... doch wer denkt denn so? Ich. Und wer bin ich? Ein Privilegier-

ter, ein Klassenfeind. Ergo müssen meine Ansichten über Sie, Josef, und Ihre revolutionäre Aktion von mir ausgekotzt werden mitsamt mir selber, mitsamt mir selber, mitsamt mir selber.
Kotz!
Kotz!
Kotz!

Sie gehen ab in den Ballsaal.
Stille

ALBERTINCHEN *im Schlaf* Nackt ... nackt ...

Fior kommt.

FIOR

Still.
Ruhig.
Verstehen ...
Begreifen ...
Sich Rechenschaft geben ...
Stille. Ruhe. Nichts rührt sich.

ALBERTINCHEN *im Schlaf*

Nackt ... nackt ...

FIOR

Was hat sie? *Stille*
Nichts rührt sich, alles jagt
Schwindelerregend vorwärts ... *Stille* Aber wohin?

Heftiger Wind, die Lichter schwanken, Fenster schlagen.

ALBERTINCHEN *im Schlaf* Nackt ...

Von beiden Seiten kommen Charme und Firulet in Mänteln mit Zylinderhüten, Pistolen und den Taschendieben an der Leine. Im Hintergrund erscheinen die Sekundanten.

Die Sekundanten *rufen:* Feuer!

Firulet und Charme schießen, verfehlen sich, wechseln die Plätze, Verbeugungen.

Die Sekundanten *rufen:* Feuer!

Sie schießen.

FIRULET Ich passe!

CHARME Ich passe!

Sie werfen die Pistolen fort; sie treten zueinander mit den Taschendieben an der Leine.

CHARME Verfluchter... dich umbringen, umbringen, umbringen...

FIRULET Verfluchter... dich umbringen, umbringen, umbringen...

CHARME Dich vernichten...

FIRULET Dich töten...

Sie starren einander an.

CHARME Als wenn ich in einen Spiegel geschossen hätte...

FIRULET Als wenn ich in einen Spiegel geschossen hätte...

CHARME Mein Tod ist dein Tod.

FIRULET Dein Tod ist mein Tod.

ALBERTINCHEN *im Schlaf* Nackt...

CHARME UND FIRULET *verzweifelt* Schon wieder!

FIRULET *vertraulich* Zieh dich aus...

CHARME *vertraulich* Zieh dich aus...

FIRULET *herausfordernd* Ich lasse die Hosen runter!

CHARME *herausfordernd* Ich lasse die Hosen runter!

FIRULET Ich passe!

CHARME Ich passe.

FIRULET O, weh!

CHARME O, weh!

FIRULET *vertraulich*

Dein zerfallend ausgemergelter ...
Dein anämisch rheumatischer ...
Dein raffiniert verzärtelter ...

CHARME *vertraulich*

Dein schamhaft verhätschelter ...
Dein subtil entkräfteter ...
Dein fatal verbogener ...

FIRULET Sprichst du zu dir!

CHARME Nein, zu dir!

FIRULET Zu dir ich zu mir!

CHARME Zu mir ich zu dir!

FIRULET Ich passe!

CHARME Ich passe.

ALBERTINCHEN *im Schlaf* Nackt ... nackt ...

CHARME UND FIRULET Schon wieder!

FIRULET O, welch eine Qual!

CHARME *fieberhaft* ... denn sie denkt, daß ich, daß ich es war ... daß ich ihr die Hand hineingesteckt habe ...

FIRULET Aber Sie waren's nicht, Graf! Steck sie ihr doch jetzt rein! Und wenn du nicht willst, so halt' ihn fest an der Leine, Deinen Taugenichts, denn er wird sie ihr hineinstecken – wie er sie schon hineingesteckt hat!

Die Taschendiebe zerren an der Leine.

CHARME Verfluchte Hunde! Sie erlauben sich sonstwas. Ich aber muß mich schämen!

ALBERTINCHEN *im Schlaf* Nackt ... ganz nackt ...

CHARME UND FIRULET *die Taschendiebe zurückhaltend* Schon wieder! Verfluchte Hunde!

Musik. Aus dem Ballsaal kommen Prinz, Prinzessin, Pfarrer, Fior und die Gäste in wunderlichsten Trachten, ein Sultan, eine Nymphe, eine Schäferin etc. Hinter ihnen die Gäste in den Säcken, d. h. der Bankier, der General, die Marquise, Hufnagel und der Professor.

Albertinchen im Hintergrund auf dem Laufsteg, daneben die Gruppe der Diener, Charme und Firulet mit den Taschendieben vorne.

Sie formieren sich zu einer Art Quadrille, alle drehen sich im Tanz, ein bißchen verschlafen. Gesungene Szene

ALLE *piano*

Och, och, och, och, was für ein Ball, dieser Ball!
Och, och, och, och, ist das mal ein Ball!

PRINZENPAAR

Hei, ein Ball, welch ein Ball!
Er glänzt von Lichtern und Kristall!
Wir bitten also unsre Gäste
Zum Tanz und rauschend schönen Feste!

ALLE *lauter*

Wir bitten also, auf zum Tanz
Zum Rausch im schönen Lichterglanz!

FIOR

O Ball der Bälle, was für ein Ball, dieser Ball!
Geheimnisvolle Träume,
Hinter Masken entschlummert,
Enthüllen dem Meister
Die Mode der Zukunft!

GÄSTE IM SACK *wild tanzend*

Giau papagu kuku ga
Ili patapu tatasama
Tanfargu ba sorapala
te-be-es paradimama!

HUFNAGEL *laut* Tanzen wir die Carmagnole!

PROFESSOR Kotz, kotz, kotz!

PFARRER Et fiat voluntas tua!

ALLE

Och, och, och, och, och, was für ein Ball, dieser Ball!
Oh, oh, oh, oh, oh, das ist mal ein Ball!

FIOR

Ach! Wüßte ich doch, welche Kleider
Der Schoß der Zukunft birgt, doch leider
Weiß ich's nicht! Und lieber noch möcht' ich entdecken,
Welche Moden in den Säcken stecken!
Dann wüßt' ich alles sehr viel besser,
Doch da liegt der Has' im Pfeffer!

GÄSTE IM SACK *gellend* Putiit fuam patata!

HUFNAGEL Zur Carmagnole!

PROFESSOR Kotz, kotz, kotz!

PFARRER Et fiat voluntas tua.

ALLE

Ho, ho, ho, ho, ho, was für ein Ball, dieser Ball!
Also ho, ho, ho, das ist mal ein Ball!

DIENER *scharf* Die Beine ausreißen!

PROFESSOR Kotz, kotz, kotz!

PRINZ *geht mit der Prinzessin umher und begrüßt die Gäste*

Ah, ah, merci, es lockt der Ball
Oh, oh, bonjour, wiegt euch im Tanz
In welcher Stimmung man auch sei
Im Takt sich drehen, das macht frei!

PRINZESSIN

Oh, wie entzückend, ein Ball im Sack,
Nur Lampenfieber bringt aus dem Takt,
Ein Sack voll Ball bis obenan,
Wer weiß, was alles drin sein kann.

PRINZ UND PRINZESSIN Gute Miene zum bösen Spiel!

PFARRER Et fiat voluntas tua!

CHARME *zu seinem Taschendieb*

Na, mein Freundchen, was packt dich,
Zieh nicht so, spring nicht so,
Welch ein Benehmen, du sollst dich schämen.
Wo sticht dich der Hafer?

FIRULET

Na, mein Freundchen, was packt dich?
Wo sticht dich der Hafer?
Prügel verdienst du, der Teufel hol dich,
Welch ein Benehmen!

ALLE

Welch ein Benehmen!

CHARME *traurig* Und sie? ... Sie schläft noch immer?

FIRULET *traurig* Und sie? ... Sie schläft noch immer?

FIOR *erstaunt* Und sie schläft immerfort!

PRINZENPAAR Und sie schläft immerfort!

Stille

Schluß der gesungenen Szene

PRINZESSIN *stehen bleibend* Warum ist es so still?

ALBERTINCHEN *im Schlaf* Nackt... Nacktheit...
Die Taschendiebe werden unruhig.

FIOR *plötzlich erschrocken* Nacktheit mitten in der Modenschau!
Was soll ich tun? Was soll ich machen?

PRINZ *laut*

Nieder mit der Nacktheit! Es lebe der Tanz!
Wer auf dem Vulkan tanzt,
Muß Haltung bewahren!

PRINZESSIN *dramatisch* Daß mir alle tanzen!

GÄSTE IM SACK *rasend* Bstii tuta tua pfüüüüt!

DIENER *scharf* Die Beine ausreißen!

HUFNAGEL Zur Carmagnole!

PROFESSOR Kotz, kotz, kotz!

CHARME *traurig* Und sie schläft immerfort!

FIRULET *traurig* Und sie schläft immerfort!
Stille

PRINZESSIN *erschrocken* Warum ist es so still?...

ALBERTINCHEN *im Schlaf* Nackt... nackt, ganz nackt...

PRINZ Tanzen! Tanzen!
Stille. Alle tanzen.

ALBERTINCHEN *im Schlaf* Nackt... ganz nackt...
Der Tanz geht weiter, schlaftrunken, eintönig.

CHARME *plötzlich* Ich passe!

FIRULET Ich passe!

CHARME *dramatisch* Ich passe! Ich kann nicht mehr! Ich lasse meinen los! Ich laß ihn von der Leine!

FIRULET Was denn, Graf?

CHARME Ich lasse ihn los! Soll er laufen, wohin er will! Soll er genießen! Wenn ich nicht kann, so wenigstens er... Ich lasse ihn los!

FIRULET Halt! Wenn Sie, Graf, den Ihren loslassen, so ich auch meinen...
Bei Gott, ich laß ihn los...

CHARME So lassen Sie ihn los! Mir ist alles einerlei!

Sie lassen die Taschendiebe von der Leine. Die verschwinden in der Menge der Gäste

CHARME Sollen sie laufen! Sollen sie genießen!

FIRULET Sollen sie wühlen und munter sein!

CHARME Sollen sie betasten und durchschnüffeln!

FIRULET Sollen sie machen, was ihnen Spaß macht!

CHARME UND FIRULET Und was uns betrifft: Ich passe! Ich passe! Ich passe!

Alle tanzen verschlafen. Albertinchen schläft auf dem Laufsteg. Die Gruppe der Diener auf einer Seite, Charme und Firulet auf der anderen erstarrt

EINE DAME *spitzer Schrei* Iiiiiiih!

PRINZ *tanzend* Tralala! Lalatra!

EINE ANDERE DAME *spitzer Schrei* Iiiiiiih!

PRINZENPAAR Tralala! Lalatra!

STIMMEN *schreiend* Iiiiiiih!

ANDERE DAME Ich bin kitzlig!

Man sieht einen Taschendieb mit einer gestohlenen Handtasche weglaufen.

GÄSTE IM SACK Uitttibuaaapit!

PRINZ Was ist das schon wieder?

Der Tanz erstirbt; der zweite Taschendieb entkommt mit gestohlenem Schmuck.

HERREN *stoßen schrille Schreie aus* Iiiiih! Eine Hand! Was ist das für eine Hand!

DAMEN Ajajaj, ich bin kitzlig!

EIN HERR *mit durchdringendem Schrei* Man kitzelt mich, man ki...

EINE DAME Sie sind das!

GÄSTE IM SACK Tuuuuutampaumuubuu tupataitit!

STIMMEN

Na, hören Sie mal!
Wer kitzelt mich?
He! Man kneift mich!
He! He! He!
Aber das ist doch Ihre Hand!
Flegel! Unverschämtheit!
Lassen Sie mich!
Aber Madame! Das sind Sie!
He! He! He!
Mein Collier!
Mein Bein, mein Bein!
Hilfe, meine Uhr!

Das Licht ist ebenfalls verrückt geworden, erlischt und leuchtet wieder auf. Die Taschendiebe schlüpfen mit der Beute hindurch. Allgemeines Durcheinander

PRINZENPAAR *laut*

Tanzt! Tanzen wir! Tanzen wir! Tanzt!
Tanzt doch! Um Himmels willen, tanzt!

SCHREIE

Nein, bitte nicht!
Da sehn Sie's!
Iiii! Iiii! Iiii!
Polizei! Zu Hilfe!
Nicht kitzeln!
Man krabbelt mich!
Pfoten weg!
Nicht kitzeln!
He! He! He!

Oh, nein, Polizei!
Polizeiiii!!

GÄSTE IM SACK Tupaltamomotamub!

CHARME *schreit* Ich passe!

FIRULET *schreit* Ich passe!

Hufnagel hat sich mit einem Sack auf den Professor geschwungen und reitet auf ihm – beide in Säcken, maskiert – an der Spitze eines Haufens von Dienern eine Attacke in die Menge der Gäste.

HUFNAGEL He, he, im Galopp!

GÄSTE IM SACK Tututu!

Das Licht erlöscht. Stille

SCHREIE *im Dunkeln* Revolution!

DIENER Die Beine! Reißt die Beine aus! Schluß mit Schuhputzen!

SCHREIE Revolution!

GÄSTE IM SACK Tuptuptup! A puit!

Finsternis. Stille. Pause

FIOR *steht an der Seite, läßt eine elektrische Taschenlampe aufleuchten* Gut, daß ich meine kleine Taschenlampe immer bei mir habe. Gut, daß ich meine kleine Taschenlampe immer bei mir trage.

Er leuchtet langsam die erstarrten Gäste an, die Diener, Hufnagel auf dem Professor. Die Kostüme sind in schrecklichem Zustand, zum Teil zerfetzt, Busen, Arme entblößt, Hände erstarrt im Zwicken und Kitzeln ...

Die Lampe Fiors entdeckt beide Taschendiebe, beim Stehlen erstarrt ... richtet sich auf Albertinchen.

Sie beleuchtet Charme und Firulet, beide starr vor Entsetzen.

Sie beleuchtet den Prinzen und die Prinzessin in zerfetzten Gewändern.

Sie beleuchtet Hufnagel, der ohne Maske und Sack da steht: das Gesicht blutig, schrecklich, haßerfüllt.

Aah, Graf Hufnagel ... Hat die Maske abgeworfen ... Aber was ist das für eine neue Mode? ...

Fior leuchtet den General an, dem Maske und Sack halb weggerissen worden sind. Der General trägt die Uniform eines Nazi-Offiziers, mit Monokel und Revolver ...

Ah! Unser General war das! Was für eine Mode hat er sich ausgedacht?!

Er leuchtet die Marquise an, schon ohne Maske und Sack; die Marquise entpuppt sich als Aufseherin eines Nazi-Konzentrationslagers, mit Peitsche, Handschellen usw.

Die Marquise ... Was für Moden ihnen geträumt haben ... Bitte!

Er leuchtet den Bankier an, der ohne Maske ist; doch er trägt eine andere, eine Gasmaske mit einem riesigen Rüssel und in der Hand eine Bombe.

Der Bankier ist wohl ...

Gewaltiger Donnerschlag. Sturmwind. Finsternis

CHARME *schreit* Ich passe!

FIRULET *schreit* Ich passe!

Dritter Akt

Ruinen des Schlosses Himalaj. Derselbe Saal, zerstört. Eingestürzte Wände, einige Möbel sind erhalten; ein Tischchen mit einer farbigen Decke, eine Stehlampe, Fauteuils ... Im Hintergrund Gerümpel, Trümmer. Sturm tobt, Gewitter. Durch die Maueröffnung ist ein geheimnisvoller Himmel zu sehen, Widerschein von Blitzen und Feuersbrunst.

FIOR *im Frack. Er kämpft mit dem Wind.* Ist hier jemand?

PRINZ *mit einem großen Lampenschirm auf dem Kopf* Eine Lampe.

FIOR *zurückspringend* Wer?

PRINZ-LAMPE Eine Lampe.

FIOR Der Prinz!

PRINZ-LAMPE Tsss ... tss ... Um Gottes willen! Vorsichtig!

FIOR *schreit im Winde* Welch ein Wind!

PRINZ-LAMPE Das ist der Wind der Geschichte!

Der Wind tobt.

FIOR Wo sind alle?

PRINZ-LAMPE Verstreut ... verschollen ...

FIOR Was war das, ein Erdbeben?

PRINZ-LAMPE Wer kann das wissen? Etwas ist passiert ... aber wer kann wissen, was?

FIOR Und die Prinzessin?

PRINZ-LAMPE Hier. Erkennen Sie sie nicht? Der Tisch, das ist sie.

FIOR *springt zurück vor dem Tisch, der nichts anderes als die Prinzessin auf allen vieren ist, von einer Tischdecke verdeckt*

Ah!

PRINZ-LAMPE Tsss... Das ist klüger.

Hufnagel, auf dem Professor galoppierend, poltert an der Spitze eines Haufens von Dienern über die Bühne. Die Diener schwenken triumphierend Reste von herrschaftlicher Garderobe.

HUFNAGEL *mit der Peitsche auf den Professor* Galopp, Galopp!

DIENER Die Beine ausreißen!

Sie jagen vorüber.

FIOR Revolution?

PRINZ-LAMPE Ja, Revolution...

Auftritt ein Bettler, ein Bettel-Lied singend

BETTLER

Mitleid, meine Herren
Nur Mitleid
Schon ein Groschen bringt Glück!
Wie grün sind die Bäume!
Wie grün das Gebüsch...

FIOR Wer bist du?

BETTLER

Wie grün sind die Bäume!
Wie grün das Gebüsch...

FIOR Wer bist du?

BETTLER *unvermittelt* Die Stühlchen von Lord Blotton! *Flieht*

FIOR Was ist geschehen? Es ist etwas geschehen ... Aber was?

PRINZ-LAMPE Ich weiß selber nicht ... Es ist wegen ... Es ist die Nacktheit ... Ich weiß nicht mehr ... Gelächter, Schreie, wie wenn man gekitzelt wird, ich auch. Gekitzelt den ganzen Rücken herunter und in der Seite. Und meine Taschenuhr? Weg war sie. Drängen, quietschen. Gekicher, Gelächter, Schreie, Geheule. Alles gerät außer Rand und Band. Da werfen sich die Diener auf die Herrschaften ... Sie wissen, man liest dann in der Zeitung: »Subversive Elemente haben die Situation ausgenützt ...«

FIOR Ja, ja, ich weiß ... Und was jetzt?

PRINZ-LAMPE Jetzt ist Revolution.

FIOR Revolution?

PRINZ-LAMPE *unklar* Gewürm.

Herein stürzt wieder der Haufe von Dienern mit Hufnagel auf dem Professor.

DIENER Die Beine ausreißen!

Sie jagen vorüber.

FIOR Und was ist das?

PRINZ-LAMPE Ich weiß nicht.

FIOR Wohin jagen sie so?

PRINZ-LAMPE Vor sich hin!

Wind

FIOR

Wunderliche Formen, verrückte Gestalten.
Nein, ich kenne nichts, weiß nichts, verstehe
nichts, will nicht, erfasse nicht, begreife
nicht ... armer Fior! Oh, armer, armer, Fior!

PRINZENPAAR Armer Fior!

Der Pfarrer taucht aus einem Haufen Gerümpel auf. Die Soutane ist mit Sicherheitsnadeln so zusammengesteckt, daß sie aussieht wie eine Bluse und ein Rock. Auf dem Kopf ein großer Damenhut, in der Hand ein Schirm

FIOR Schwarze Frau, wer bist du?

PFARRER-FRAU Meister!

FIOR Ah, ah, das ist die Soutane!

PFARRER-FRAU Et fiat voluntas tua...

FIOR Pfarrer, wie waren deine Geschicke?

PFARRER-FRAU

Das läßt sich nicht erzählen. Schwer mit Worten zu sagen.
Frage nicht nach den Wegen, die ich gegangen bin.
Am besten, du fragst nach gar nichts.
Ich muß mich verstecken.
Verzeihung, ich muß mich verstecken.
Und übrigens,
Ihnen rate ich dasselbe.

FIOR Ich soll mich in eine Frau, eine Lampe, einen Tisch verwandeln? Nein! Ich bin Fior!

PFARRER-FRAU *skeptisch* Fior...

PRINZ-LAMPE *skeptisch* Fioh!

PRINZESSIN-TISCH *stammelnd* Fioh!

Herein stürzt Hufnagel mit den Dienern. Donner. Dunkel

DIENER Die Beine ausreißen!

FIOR *zu Hufnagel* Du Ungeheuer! Halt!

HUFNAGEL-REITER Ich kann nicht! Ich bin der Galopp!

FIOR *auf den Professor deutend* Und dies Pferd?

HUFNAGEL-REITER Das ist mein Intellekt!

PROFESSOR-PFERD Kotz!

FIOR Wen jagt ihr?

HUFNAGEL-REITER Die, die fliehen!

FIOR

Unter deinem blutigen Gesicht erkenne ich dich:
Du bist Hufnagel, der Graf Hufnagel!

HUFNAGEL-REITER

Nein! Ich bin eine Idee! Fort!

FIOR

Professor! Sind Sie das,
Professor?

Der Professor, auf allen vieren, gesattelt, mit einer Trense im Mund, hüpft, wiehert.

PROFESSOR-PFERD

O ja, o ja, danke!
Kotz! Kotz!

DIENER Die Beine ausreißen!

HUFNAGEL-REITER Vorwärts!

Sie stürzen davon.

FIOR

Welch eine Jagd!
Welch eine Flucht!

Herein stürzen, in derselben Richtung jagend, der General, der Bankier, die Marquise, alle in den Nazi-Kostümen vom Ende des II. Aktes.

FIOR

Haltet ein! Wen jagt ihr?
Vor wem flieht ihr?

GENERAL, BANKIER, MARQUISE Gulutubulu!
FIOR Erklärt euch deutlicher!
GENERAL, BANKIER, MARQUISE Tuitutatumu!
FIOR

Madame la Marquise! Sie sind es! Sie sind es wirklich!
Herr Bankier, Sie sind der Bankier und kein anderer!
Und Sie, Herr General! Sagen Sie etwas!
Haben Sie verlernt zu sprechen?

PRINZ-LAMPE

Wenn, was den Menschen betrifft,
Nur in Worte zu fassen ist,
So zerbricht die Sprache ...

PFARRER-FRAU Wer ist das alles? ... Man sollte sowas nicht sagen.

PRINZESSIN-TISCH Lumpenpack ...

Sie richtet sich langsam mit der Tischdecke auf.

FIOR Freunde!
Kommt zu euch! Werft die Verkleidung ab!
Dieses grausame Spiel hat zu lange gedauert.

PRINZ-LAMPE Wieder zu sich kommen ..., das ist das ganze Problem. Aber es geht nicht mehr.

PFARRER-FRAU Es geht wirklich nicht mehr.

PRINZESSIN-TISCH Ich möchte auch wissen, wie.

FIOR Aber was soll man denn tun?

PRINZ, PRINZESSIN, PFARRER

Vorwärts!
Immer vorwärts!
Rette sich, wer kann. Galopp!

Herein stürzt Hufnagel mit den Dienern.

HUFNAGEL-REITER Galopp! Galopp!

Erblickt den General, den Bankier und die Marquise

Das sind sie! Faßt sie!

BANKIER, GENERAL, MARQUISE Tuifiituuuuuu tatua!

Die Diener fangen sie.

FIOR *zu Hufnagel* Was beabsichtigen sie?

HUFNAGEL-REITER

Weiß nicht. Jedenfalls
Ihnen die Beine ausreißen!

Zu den Dienern

Ausreißen!

FIOR Um Gottes, des Barmherzigen, willen!

PRINZESSIN-TISCH *zu sich selbst* Na, das ist ja eine Geschichte...

Begibt sich wieder auf alle viere

PFARRER-FRAU Wie im Krieg, wie im Krieg...

PRINZ-LAMPE Man kann nichts machen.

HUFNAGEL-REITER *mit Mühe, dann immer selbstverständlicher*

Ausreißen...
Ihnen ausreißen...
Ihnen die Beine ausreißen...
Erst das rechte!
Dann das linke!

DIENER Schluß mit Schuhputzen! Vorwärts! Vorwärts!

HUFNAGEL-REITER

Und Galopp, Galopp, Galopp
Und Galopp!

PROFESSOR-PFERD Und Kotz, und kotz, und kotz!

FIOR Halt! Nicht ohne Justiz!

PRINZESSIN-TISCH Justiz! Das ist gut!

PRINZ-LAMPE Justiz?

PROFESSOR Kotz!

Heftiger Wind

PFARRER-FRAU Wie das weht!

FIOR Ich sehe nicht recht, verstehe nicht recht, begreife nicht, weiß nicht, doch weiß ich, daß wir eine Justiz brauchen, daß man ohne Justiz nichts kann, nichts muß. Nein, nein, ohne Justiz ... das ist unmöglich.

PFARRER-FRAU Wie das weht!

PRINZ-LAMPE Er klammert sich an diese Justiz wie ein Besoffener an einen Zaun ...

PFARRER-FRAU Nun, weil es so weht ...

PRINZ-LAMPE *lauter* Zur Justiz! Die Beine ausreißen: diesen Verrätern, Faschisten, Bourgeois!

PRINZESSIN-TISCH Diesen Nazis!

Richtet sich wieder auf

FIOR Faschisten? Nazis? Kenne ich nicht! Was ist das? Das geht über meine Begriffe, überfordert mich, ja, ich bin überfordert, übergangen, nichts weiß ich, nichts, doch soviel weiß ich, daß ohne Justiz, nein, nein, nein, nichts ohne Justiz ... Man muß prüfen, abwägen, beschließen!

HUFNAGEL-REITER *einschüchternd*

Mitten im Sturm ruft er nach der Justiz!
Blitze schmettern, Donner kracht,
Und er ruft nach der Justiz.
Es ist Nacht, und er möchte klar sehen.

Es verfinstert sich heftig. Gewitter

PFARRER-FRAU Das ist ja ... halten wir uns ...

PRINZ-LAMPE Uff! Uff!

PRINZESSIN-TISCH Ojeojeoje!

FIOR *gegen den Wind kämpfend* Justiz! Justiz! Ich will eine Gerichtsverhandlung!

Donner, das Wetter beruhigt sich, es wird etwas heller.

HUFNAGEL Defaitist! Gut, du sollst deine Gerichtsverhandlung haben. Ich setze mich hierher. Und hier sollen sich die Angeklagten hinstellen, diese faschistischen Hunde, diese Nazis! Mein Pferd ist der Ankläger, und du der Verteidiger. Vorwärts! Im Galopp werden wir das erledigen. Der Wind ist zu stark, und jeden Moment kann es losgießen. *Zum Professor* Vorwärts! Galopp!

PROFESSOR-PFERD

Kotz, ich kotze, kotz, kotz, kotz, kotz,
Ich kotze, kotz, ich kotze!
Kotz, kotz, kotz, kotz!

HUFNAGEL-REITER Hunde!

PRINZ-LAMPE Lumpen!

PRINZESSIN-TISCH Verbrecher!

PFARRER-FRAU Hunde!

HUFNAGEL, PRINZENPAAR, PFARRER Schuldig! Reißt ihnen die Beine aus!

Heftiger Wind

PFARRER-FRAU Was für ein Wind! Wie das weht!

FIOR Haltet ein! Dies Pferd hat nichts gesagt! Kotzen ist keine Sprache!

HUFNAGEL-REITER Defaitist! Du wünschst eine Rede? Ein Verbrechen, seit Jahrtausenden am Proletariat begangen, ein gigantisches Verbrechen, leise und geräuschlos, ein ungeheurer stummer Mord; man hat uns erdrückt und erwürgt, hunderte von Jahrhunderten lang, Generationen hindurch, ohne ein Wort, ohne Erklärung, still... Und du, du möchtest, weil ihr das schweigend getan habt, für das Schweigen noch belobigt werden?! Genug! Keine Diskussion! Faschisten! Bourgeois! Hunde! Reißt ihnen die Beine aus! Schnell! Das Sturmgewitter ist da!

DIENER Ausreißen!

FIOR Ich verlange, daß man sie anhört!

HUFNAGEL-REITER Das ist das Sturmgewitter!

FIOR Halt! Halt!

HUFNAGEL-REITER Das Sturmgewitter!

FIOR Gnade, hört sie an!

HUFNAGEL-REITER Was für ein Dickschädel! Gut. Das Revolutions-Tribunal wird die angeklagten Verbrecher anhören. Was habt ihr zu eurer Verteidigung zu sagen? Los!

GENERAL, BANKIER, MARQUISE *verwirren sich in langen und panischen Erklärungen* Uitputuammaaaaeeetrukulitakumabuali narreiuliiiiutirffululogsulfitimodolpiguytaljutuptog totualemewewutupoyoguil.

GENERAL Gulugulugulugul!

PRINZESSIN Sie sprechen, als ob sie sich die Zähne putzen!

HUFNAGEL-REITER Genug! Schuldig!

FIOR *bemüht sich, den Wind zu überschreien* Ich protestiere! Nichts ist ausgesprochen worden, alles blieb hinter Worten versteckt!

HUFNAGEL-REITER Worte sind Wind! Staatsanwalt! Dein Strafantrag!

PROFESSOR-PFERD Kotz!

DIENER Die Beine!

FIOR Halt!

HUFNAGEL-REITER Das ist das Sturmgewitter!

FIOR

Ich erkläre,
Daß ich nicht verstehe, wer wann, wie
Und wozu etwas tut. Nein, ich verstehe nicht! Verstehe
Nicht! Verstehe nicht!

HUFNAGEL-REITER Das Sturmgewitter!

PRINZ-LAMPE Das Sturmgewitter!

FIOR Oh, Schreck, Schreck, Schreck!

HUFNAGEL-REITER Laßt sie im Schrecken versinken!

PRINZENPAAR, PFARRER, DIENER Das Sturmgewitter!

FIOR *zu Hufnagel* Werde wieder ein Mensch! Wirf deine Maske ab!

HUFNAGEL, DIENER, PRINZENPAAR, PFARRER Das Sturmgewitter!

Sturmwind, Donner, Blitze

FIOR Hier quält eine Maske die andere! Werft die Masken ab! Findet euer wahres Gesicht wieder!

ALLE Das Sturmgewitter! Das Sturmgewitter!

GENERAL, BANKIER, MARQUIS Ujtukukmakolatatubulgilgul!

FIOR *rasend* Tuitukuiiiitutubolitawatiiii!

ALLE *rasend* Taftatukuiiiihiukalapatualu!

Sturmwind, Donner, Finsternis; der Wind nimmt ab, es wird heller.

Auftreten Charme und Firulet in bäuerlichen Gewändern mit Strohhüten und Schmetterlings-

netzen. Die Gesichter sind angemalt, fröhlich-stumpfsinnige Clownsgesichter. Hinter ihnen beide Taschendiebe in schwarzen Masken, als Totengräber verkleidet, sie tragen einen schwarzen Sarg.

CHARME UND FIRULET *singen*

Kleiner Schmetterling, getupfter,
Du fliegst, du fliehst, ich verfolge dich,
Kleiner Schmetterling, getupfter,
Ich folge dir und verfolge dich.
Kleiner Schmetterling, getupfter,
Ich fange dich in meinem Netz,
Auch wenn du dein buntes Kleid ablegst,
Meinem Netz entkommst du nicht!

FIOR Wahnsinnige!

PRINZ-LAMPE

An Wahnsinnigen fehlt es nicht
Auf den weiten Wegen der Welt...

PFARRER-FRAU

Auf den grenzenlosen Wegen der Welt
Fehlt es nicht an Wahnsinnigen...

CHARME *zu Firulet* Schau dir den an, ist es nicht der, den man einmal Fior nannte?

FIRULET Vielleicht, wirklich...

CHARME *zu Firulet* Wenn ich die Reste von Fioh sehe, eines gewissen Bahon, so sieht Fioh die Reste eines gewissen Grafen...

FIOR Ich war Fior...

CHARME Ich war Charme...

FIRULET Ich Firulet... einst...

PRINZ-LAMPE Mich nannte man einst Prinz...

PRINZESSIN-TISCH Und mich Prinzessin...

HUFNAGEL-REITER Einst war ich Diener und dann Hufnagel, Graf und Reiter ...

PFARRER-FRAU Und ich war Pfarrer ...

GENERAL Und ich General ...

BANKIER Und ich Bankier ...

MARQUISE Und ich Marquise ...

ALLE *außer den Dienern* Wir waren, ich war, wir sind gewesen, ihr wart, es war einmal, aus, vorbei, vergessen ... *Schwer* das ist gewesen, das war, vorbei ...

FIOR

Erklären Sie mir bitte,
Graf, sagen Sie, Baron:
Was ist das für ein Sarg?

CHARME Eine Camouflage.

FIRULET Eine Vorsichtsmaßnahme.

CHARME Verstehen Sie, Meister, falls sich jemand mit uns anlegen sollte, so sind wir verrückt geworden, gehen mit diesem Sarg, sind Verrückte und basta! Doch was diesen Sarg anbelangt ... Das ist schon eine alte und sonderbare Geschichte, man müßte mit der Erinnerung zurückkehren zu jenem Ball, erinnern Sie sich, als ich, weiß Gott wahum, hélas, diesen Taschendieb von der Leine ließ. Hélas! Es wäre besser gewesen, ihn nicht loszulassen, damit haben alle Malheuhs angefangen ... Aber dieses verwünschte Albertinchen hat immerfort so von Nacktheit, Nacktheit, Nacktheit und wieder von Nacktheit gesprochen ... und ich war so enerviert durch diese Nacktheit, Nacktheit, Nacktheit und Nacktheit, nackt ...

FIRULET Ich passe!

CHARME Ich passe!
Wir ließen also die Taschendiebe los, ich und Fihulet, damit sie auf ihre Kosten kämen... wissen Sie, wenn man selber nicht kann, so juckt es einen, daß wenigstens solch ein Schlingel mit dem anderen ... Laissons! Aber dann! Welch ein Alptraum, welches Schreckbild! Ehinnehn sich Bahon?

FIRULET Ich erinnere mich, ja, ein Alptraum!

CHARME

Sie verschwinden spuhlos unteh den Gästen.
Und sofoht mit ihen Händen, den diebischen, f-hechen,
Los und han an die Gäste, nach links und nach hechts.
Jetzt tanzen die Säcke, es springen die Handbeutel,
Taschen, Ahmbänder, Uhhen, Ketten, Colliers.
Sie stecken die Pfoten ins Gedränge der Gäste
Durch Samt, Unifohmen, Frackhemdbhüste,
Machen sich han an die Köhpeh und kitzeln,
Betasten, streicheln, fingern und klauen.
– Hysterisches Kichern, verrücktes Gelächter,
Die Nähte platzen, Busen hängen heraus,
Röcke, Hosen, alles in Auflösung

PRINZ-LAMPE Ja, ich erinnere mich ... Und dann stürzte meine Dienerschaft sich auf die Gäste ...

FIRULET Und wir auf Albertinchen!

CHARME Aber sie war nicht mehr da!

FIRULET Verschwunden!

CHARME Wir fanden nuh umgehgwohfene Reste

von Gahdehobe inklusive der unaussprechlichen...

FIRULET Ja, inbegriffen das Unaussprechliche...

CHARME Ein Schock!

FIRULET Bestürzung! Wo könnte Albertinchen geblieben sein?

CHARME Und die Taschendiebe waren ebenfalls verschwunden. Fort, wie ein Stein im Wasseh.
O Fioh!
O teuheh Meisteh! Das war mit ihr geschehen!
Ha! Ist ja klah! Gemeine Hunde! Die niedehthächtigen Diebe!
Die Taschendiebe haben sich auf sie geworfen,
Sie nackt ausgezogen, vehgewaltigt, uns bestohlen...
Und sind getürmt...

FIRULET Sie haben sie ermordet!

FIOR Und wo ist die Leiche?

CHARME
Keine Leiche da! Verschwunden ist sie, die Leiche in ihrer Nacktheit!
Abeh sie ist füh uns gestohben! Umgebracht worden!
Dahum haben wir diesen Sarg beschafft und diese Totenghäbeh da gemietet...

FIRULET
Und suchen nun
Auf den weiten Wegen der Welt
Den nackten Körper von Albertinchen!

CHARME Den nackten Körper von Albertinchen!

CHARME UND FIRULET *singen*

Kleiner Schmetterling, getupfter,
Du fliegst, du fliehst, ich verfolge dich.
Kleiner Schmetterling, getupfter,
Ich folge dir und verfolge dich.
Kleiner Schmetterling, getupfter,
Ich fange dich in meinem Netz –
Auch wenn du dein buntes Kleid ablegst,
Meinem Netz entkommst du nicht!

FIRULET Und wenn wir sie finden, nackt, vergewaltigt, ermordet, werden wir das Begräbnis feiern.

FIOR Verzeihung, Verzeihung, ich verstehe nicht viel, ich verliere mich im Labyrinth dieser wunderlichen Umformungen, barocken Verkleidungen, Verzerrungen der Mode, der Mode von heute, der Mode einer verirrten Welt...
Oh, quälende Maskerade! *Nachdenklich* Und dieser Sarg?...

PRINZ-LAMPE *herantretend*

O Sarg! Zur rechten Zeit bist du erschienen!
Kommst mir gelegen!
Sei mir gegrüßt, o Sarg!
Gestattet, daß ich in diesen Sarg
All meine Güter lege, meine Herrlichkeiten,
Ruhm und Ehre! Und meine Niederlage!

PRINZESSIN-TISCH *herantretend*

Ich lege in diesen Sarg meine Diademe,
Perlen, Saphire, Brillanten, Smaragde
Und meine Seufzer!

PFARRER-FRAU

Ich lege meinen Gott in diesen Sarg.
Ite! Missa est.

PROFESSOR-PFERD Wartet! Einen Moment! Tragt diesen Sarg nicht ohne mich fort! Ich lege mich selbst hinein! Kotz! Ich bin nicht mehr! Oh, wie ist das gut! Ich bin tot!

GENERAL Verzeihung!

Der Sarg ist für uns! Für uns reserviert! Für uns, die wir verurteilt sind und verdammt! In dich lege ich, Sarg, mein Geheimnis, ein ekelhaftes, blutiges, schreckliches, unbegreifliches Geheimnis, für das keine Sprache einen Namen hat.

GENERAL, BANKIER, MARQUISE Uittuiiituuuuuuuuu-tuuuuiiii!

PRINZ-LAMPE Wehe!

PRINZESSIN-TISCH Wehe, wehe!

HUFNAGEL-REITER

Halt! Stehenbleiben!
Ihr habt diesen Sarg mit euren Todesurkunden vollgestopft.
Auch ich fordere ein wenig Platz für mich!
Nimm auf, Sarg, meine Hoffnungen, Kämpfe und Siege,
Die Leiden des Volkes, die ewig sind,
Den Kampf des Volkes, der ewig dauert,
Und meinen ewigen Galopp!

PRINZENPAAR, PFARRER, PROFESSOR Wehe, wehe, wehe!

CHARME UND FIRULET Wehe, wehe!

DIENER Wehe, wehe, wehe!

FIOR

O Sarg, geschwollen von allzu vielen Toten!
O wehe, wehe, wehe!

ALLE Wehe, wehe!

Fior tritt vor.

FIOR

Fort! Zieht euch alle zurück! Laßt mich
An diesen Sarg treten, mich, Fior!

ALLE O Fior, o Fior, o Fior!

FIOR

Freunde!
Ich, Fior,
Ich Meister und Gestalter der Mode,
Ich, der große Modeschöpfer!

Tritt an den Sarg

Ich passe!

CHARME Ich passe!

FIRULET Ich passe!

FIOR

Ich verfluche die menschliche Kleidung, ich verfluche die Maske,
Die sich uns in den Körper frißt, blutrünstig,
Ich verfluche die Mode, verfluche meine Kreationen,
Den Schnitt der Hosen und der Blusen verfluche ich,
Die sich eingefressen in unser Fleisch wie Gift!

ALLE Verflucht, verflucht!

FIOR

Ich, Fior,
Ich, Meister der Herren- und Damenmode,
Lege in diesen Sarg die Nacktheit,
Die durch Kleidung für immer geschändet ist!
Die heilige Nacktheit des Menschen!

ALLE O heilige Nacktheit, ruhe sanft!

FIOR

O heilige menschliche Nacktheit, ruhe in Frieden!

Niemals werden wir dich kennenlernen...

CHARME Hosen!

FIRULET Jacken!

BANKIER Socken!

GENERAL Unterhosen!

PRINZESSIN Schal!

PRINZ Spazierstock!

PFARRER Krawatte!

MARQUISE Rock!

HUFNAGEL Stiefel!

ALLE *außer Fior*

Hemd, Manschette, Chemisettchen,
Corsage, Corselett, Krinoline...
Frou-frou, Dessous, Pelerine...
Mäntel, Mantilljen, Boas und Boleros,
Etcetera, etcetera, etcetera...

FIOR

O heilige Nacktheit, unerreichbare Nacktheit,
Ruhe in Ewigkeit!

Eine Geste, als wenn er sie in den Sarg niederlegt

STIMME ALBERTINCHENS *aus dem Sarg* Nackt... nackt...

ALLE *schreiend* Was? Was ist das?

Stille

STIMME ALBERTINCHENS Ganz nackt, nackt...

CHARME Sie ist es!

FIRULET Sie ist es!

FIOR Ruhe!

Stille

STIMME ALBERTINCHENS Nackt, nackt...
CHARME *rasch* Das ist sie!
FIRULET *rasch* Sie ist hier!
CHARME Sie träumt von meiner Nacktheit!
FIRULET Das ist sie!
CHARME Sie ist hier!
FIRULET Und träumt von meiner Nacktheit!

Der Sargdeckel hebt sich, und es erscheint der nackte Arm Albertinchens.

ALLE Sie ist es!

FIOR

Erlösung!
Gegrüßet seist du, Nacktheit, ewig junge!

Albertinchen erhebt sich allmählich aus dem Sarg, nackt.

Gegrüßet seist du, einfältige du, du unsterbliche!

ALLE

Nacktheit, ewig junge, sei gegrüßt!

Apotheose

CHARME *springt plötzlich vor*

Pahdon!
Wer hat dich da hineingelegt?
Wer hat dich da versteckt?

ALBERTINCHEN *zeigt auf die Totengräber* Sie!

Die Totengräber reißen die Masken herunter. Es erscheinen die lachenden Gesichter der Taschendiebe.

FIRULET Sie sind es!
CHARME Die Taschendiebe!

BEIDE Diese Hunde!

Gesungene Szene

TASCHENDIEBE *singen*

Wir sind es!
Wir sind es!
Wir sind es!

ALBERTINCHEN *tanzt*

Ich bin Albertinchen!

TASCHENDIEBE *tanzen*

Das allerliebste Mädchen!

ALBERTINCHEN

Schenkelchen, Händchen und Füßchen,
Äuglein, Öhrchen und Näschen,
Brüstchen, Mündchen und Zähnchen.

TASCHENDIEBE

Brüstchen, Mündchen und Zähnchen.

ALBERTINCHEN

Ich bin Albertinchen!

TASCHENDIEBE

Das allerliebste Mädchen!

ALBERTINCHEN

Ewig jung!

TASCHENDIEBE

Auf dem Grab!

ALBERTINCHEN

Wie sie tanzt!

TASCHENDIEBE

Wie sie sich freut!

ALBERTINCHEN UND TASCHENDIEBE *tanzend*

Albertinchen, das allerliebste Mädchen,

Ewig jung, aus dem Grab, wie sie tanzt,
Wie sie sich freut
Über die Liebe,
Über die Liebe,
Ganz nackt,
Ganz nackt,
Träumt sie ohne Ende und träumt und träumt,
Sie träumt...

CHARME

Ganz nackt...

FIRULET

Ganz nackt...

CHARME UND FIRULET

Ach, von der Liebe, ach, von der Liebe
Ganz nackt, ganz nackt
Träumt sie ohne Ende, und träumt, und träumt,
Sie träumt uuund träääumt...

ALLE

Ohne Ende träumt sie!
Ohne Ende träääumt sie!
Oohne Eende träääumt siieee.

FIOR, CHARME, FIRULET

O Nacktheit, ewig junge, sei gegrüßt!
O Jugend, ewig nackte, sei gegrüßt!
O Jugend, ewig nackte, sei gegrüßt!
O Nacktheit, ewig junge, sei gegrüßt!

FIOR

Doch ich verstehe nicht und ich begreife nicht.
Nein, nein, nein, nein
Nein, nein, nein, nein
Nein, ich verstehe nicht
Und ich begreife nicht.

CHARME UND FIRULET

Ich passe! Man paßt! Ich passe!
Und passe und passe und passe! *(Da capo)*

FIOR

Nein, nein, nein,
Doch ich verstehe nicht
Und ich begreife nicht.
Nein, nein, nein,
Doch ich verstehe nicht,
Was sie gemacht hat
In diesem Sarg?

ALLE *außer Albertinchen und den Taschendieben*

Was sie gemacht hat
In diesem Sarg?

TASCHENDIEBE

Wir sind es,
Wir sind es,
Wir sind es!

ALBERTINCHEN

Ja, sie, aber ja, sie sind es, sie sind es, aber ja,
aber ja, sie sind, sie sind es! Ah ja, sie sind es!
Ach ja, sie sind es, sie sind es, ah ja . . . sie sind es!

TASCHENDIEBE

Wir sind es,
Wir sind es,
Wir sind es!

ALLE

Sie sind es, aber ja, aber ja,
Ach ja, sie sind es, ja, ja,
Sie sind es, sie sind es, aber ja,
Sie sind es!

TASCHENDIEBE

Wir sind es!
Wir sind es!
Wir sind es!